This is
Bacon

디스 이즈 베이컨

초판 1쇄 인쇄 2016년 3월 5일
초판 1쇄 발행 2016년 3월 15일

지은이 키티 하우저
일러스트레이션 크리스티나 크리스토포루
옮긴이 이현지
펴낸이 김지훈
펴낸곳 도서출판 어젠다

출판등록 2012년 2월 9일 (제406-2012-000007호)
주　소 서울시 마포구 양화로 7길 61-6(서교동)
전　화 (02)333-5897 | 팩스 (02)333-8460
이메일 agendabooks@naver.com

ISBN 978-89-97712-24-3 03600
이 도서의 국립중앙도서관 출판시도서목록(CIP)은 e-CIP홈페이지(http://www.nl.go.kr/ecip)와 국가자료공동목록시스템(http://www.nl.go.kr/kolisnet)에서 이용하실 수 있습니다.(CIP제어번호: CIP2016003333)

This is Bacon

디스 이즈 베이컨

글 **키티 하우저**Kitty Hauser
일러스트레이션 **크리스티나 크리스토포루**Christina Christoforou
옮김 **이현지**

AgendA

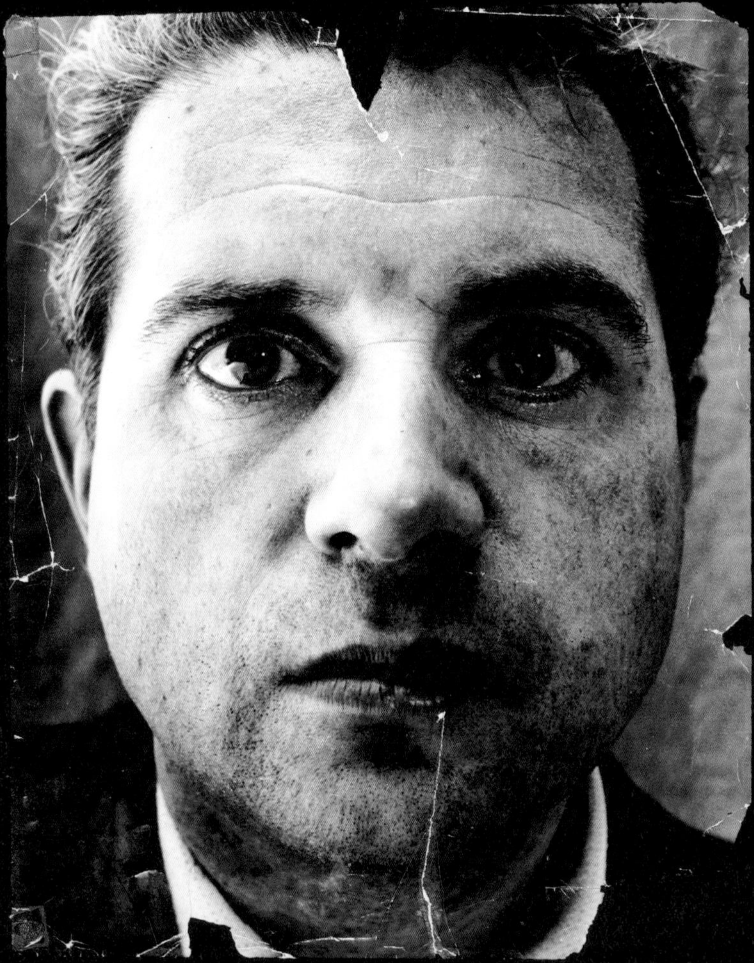

프랜시스 베이컨의 사진
Portfolio of Francis Bacon

존 디킨, 1952

은염사진
빅토리아 앤드 알버트 미술관, 런던

주위 사람들에 의하면 **프랜시스 베이컨**Francis Bacon을 만났던 모든 사람들은 그에게 영향을 받았다고 한다. 그는 보통 사람들과는 다르게 보였고, 다르게 행동했고 다르게 말했다. '다 부질없어, 그저 특별해져야지.' 그가 자주 하던 말이다. 그의 작품들은 보는 이들에게 끊임없이 영향을 미쳤다. 설명할 수 있는 이유가 딱히 있는 것은 아니었지만 사람들을 움직이게 했고, 사람이기에 느낄 수 있는 것들을 전달했다. 그의 작품을 보고 있노라면 '리어 왕King Lear'의 한 구절인 '아무 것도 걸치지 않은 인간은 저렇게 불쌍한 두 발 달린 짐승에 지나지 않는다'를 떠오르게 한다.

베이컨의 작품들은 흥하기도 했고 망하기도 했다. 그는 자신이 그림을 그릴 때, 붓질 한 번 한 번이 줄타기 하듯 성공과 실패를 넘나들었음을 잘 알고 있었다. 그는 꽤 많은 작품들을 세상에 내보이기도 전에 스스로 파기시켰다. 그가 추구하는 목표는 높았다. 자주 내뱉던 말버릇인 '고대 작품들의 매력'이란 표현을 비춰봤을 때, 그는 존경하는 옛 대가들의 작품들과 자신의 작품을 나란히 하고 싶어 했던 것 같다. 하지만 그러기에는 그의 작품 스타일은 너무나도 독특했고, 그에 상응하는 미술 교육 또한 받지 못했다. '내 작품은 내셔널 갤러리National Gallery에 걸리든가 쓰레기통에 버려지든가, 둘 중 하나겠지.' 그가 종종 했던 말이다.

보이는 것과 갈아버리기

베이컨은 미술학교에서 교육을 받지 않았다. 그의 그림 실력은 오로지 눈으로 세심히 관찰하고 많은 연습을 통해 만들어진 것이다. 그는 사람들을 관찰하는 것을 좋아했는데, 관습적인 사람이 아닌 본능에 충실한 사람들의 행동을 보는 것을 좋아했다. 정규교육을 받지 않아서인지 그는 삶과 예술, 그리고 고급문화와 하위문화에 일반적으로 가지고 있는 편견이 없었다. 그의 머릿속과 작업실은 영화, 의료서적, 미술갤러리, 그리고 일상생활 등 다방면에서 모아진 이미지의 비축창고였다. 이런 이미지 자료들은 필연적으로 그의 작품에 녹아내렸다. 이는 의식적이기도 했고 그렇지 않기도 했다. '내가 모든 것을 보고 있다는 것을 잊지 말라고. 그리고 난 내가 본 모든 것을 하나로 곱게 갈아버리지, 아주 곱게. 그게 뭐였는지 아무도 모르게 말이야. 나중엔 나도 몰라, 내가 어떤 이미지에 영감을 받아 작품을 만들어냈는지.' 그가 한 말이다.

베이컨은 거장들의 명화 복제품, 사진 잡지인 〈픽쳐 포스트Picture Post〉의 페이지, 맹수사냥의 사진들, 의료 사진 등 그의 작업실 바닥의 두께보다 훨씬 두꺼운 양의 이미지 자료들을 수집했다. 비평가 존 러셀John Russell은 베이컨이 사람들의 시선을 사로잡거나 뇌리에 오래 남아있는 '붙잡는 이미지'에 매력을 느꼈다고 말했다. 베이컨은 그런 이미지를 모아서, 똑같이 그리거나 변형시키지 않고 주로 발상을 발전시키는 용도로 사용했다. 베이컨에게 이미지(그의 머릿속에 있는, 또는 실제의 자료들)는 난잡했지만 작업의 풍부한 원천이 되었다. 그들은 예상하지 못한 방면으로 얽히고설켜 하나의 작품으로 연결됐다. 베이컨은 자연스럽게(하지만 매우 독특한 방식으로) 순수예술과 대중문화 사이에 별다른 구분을 짓지 않았다. 어떤 의미로는 그만큼 그가 두 분야를 정확히 이해하고 있었다고 할 수 있다. 그는 작품에 충격적인 이미지와 그 이미지의 현장감, 그리고 옛 거장들의 위대함을 결합하고 싶어 했다.

실베스터와의 인터뷰

우리는 베이컨이 미술 비평가인 데이비드 실베스터David Sylvester와 지속적으로 했던 인터뷰를 통해 그의 작업의 대한 이야기를 들을 수 있다. 모든 예술가들이 자신의 작업 또는 하는 일에 대해 유창하게 말을 잘 하는 것은 아니다. 하지만 베이컨은 언변에 있어서 타고난 재능이 있었다. 그는 미술과 관련된 이야기라면 놀라울 만큼 잘 알고 있었고, 또 그만의 독특하고 신선한 관점을 논할 때면 모든 사람이 그의 화법에 넘어가 고개를 끄덕이곤 했다.
하지만 그의 탁월한 웅변 실력에도 불구하고, 그는 자신의 작품은 설명될 수 없다고 고집했다. 그는 자신의 작품이 말로 설명이 된다면 그림을 그리는 의미가 없어진다고 했다. '이 작품들은 그저 그림일 뿐이다.' 그가 자주 하던 말이다. 그는 스스로의 작품을 업신여기는 말을 반복적으로 하면서, 예술가들이 자칫 빠져버릴 수 있는 자만의 세계에 발을 들여 놓지 않았다. 하지만 그의 말이 사실이라고 하더라도, 베이컨은 자신의 작품과 작품을 본 관람객들에게 전달하고 싶은 말이 많았다.

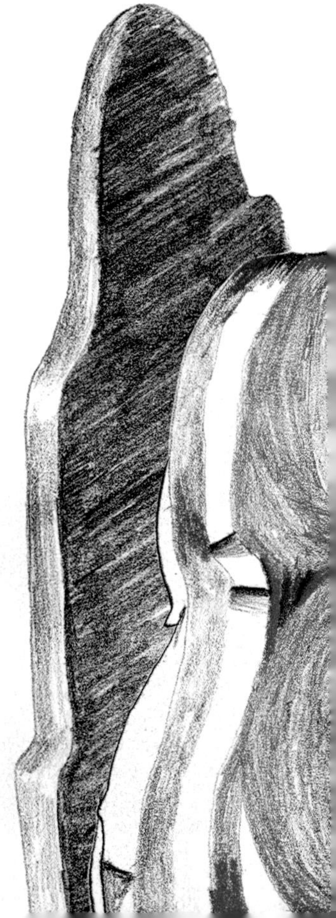

'그림 그리는 건 힘들어.' 그가 말했다. '가능성의 문제이거든. 어쩔 땐 이게 먹히고 어쩔 땐 안 먹혀. 성공한 그림이란 사람들의 **감각의 수도꼭지를 여는 것**이지. 지성 같은걸 다 뛰어넘어서 바로 신경계를 강타하는 그런 느낌을 주는 그림말이야.' 베이컨은 자신의 그림이 하나의 비극처럼 보이길 원했고, 자신의 작품을 본 사람들이 일상생활로 돌아갈 때 끔찍한 마음을 갖고 돌아가길 바랐다. 그는 이런 비극적인 분위기가 상징적이거나 특정한 해석이 가능한 묘사를 통해서가 아니라 그림 전체에서 뿜어져 나오길 바랐다. 그는 자료를 최대한 손상시키지 않고 이미지의 '있는 그대로'를 작품에 담아내려 했다. '사실'이란 야생동물을 포획하는 것처럼 기록을 해놔야 비로소 존재했던 것이 된다고 생각했다. 그가 작업에 임하는 방식은 애매했지만, 아직 뭘 해야 할지 모르는 예술가들에게는 종종 있는 일이었다. 하지만 베이컨은 예술가라기보다는 전달자의 역할이었다. 그는 '그림'이 사람들이 생각 하는 것보다 전파의 역할을 잘 하는 것을 알고 있었고, 또 믿고 있었다.

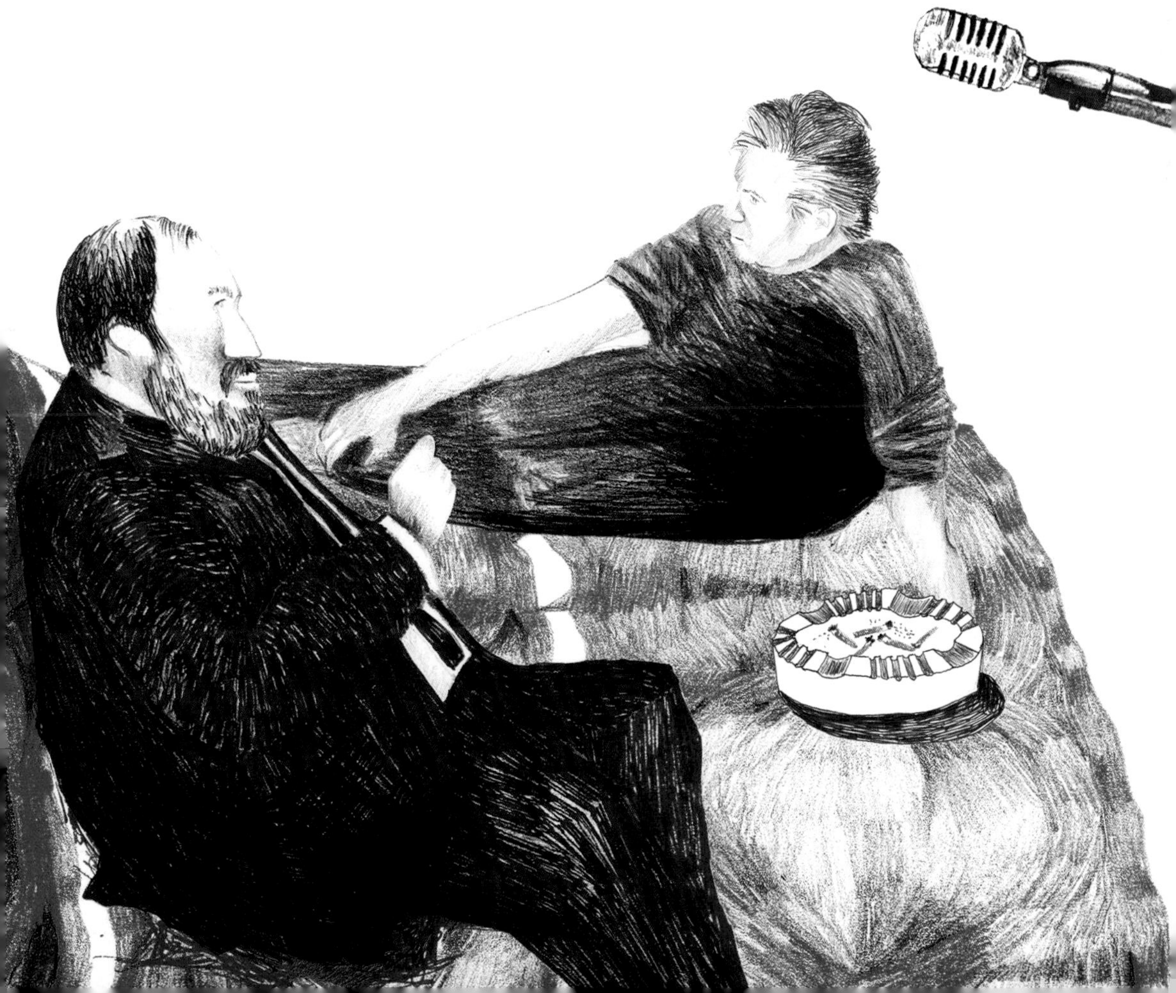

아일랜드에서의 유년기

프랜시스 베이컨은 1909년 더블린(Dublin)에서 태어났다. 호주 출생인 그의 아버지는 귀족의 핏줄이 조금 섞인 은퇴한 군인이었다. 어머니는 북영국 출신으로서 가업이었던 강철 사업의 상속녀였다. 아버지 에디 베이컨Eddy Bacon 은 아내의 돈으로 경주마의 조련사와 사육사로 둔갑했고, 이를 위해 가족이 전부 아일랜드로 이사해야만 했다. 프랜시스는 다섯 남매 중 둘째였다. 그는 자신의 유년기시절을 영국과 아일랜드의 큰 집에서 지냈던 것을 기억한다. 특히 곡선으로 되어있던 웅장한 실내의 벽은 인상에 깊이 남았는데, 그의 후기 작품에서도 등장한다. 그의 교육환경은 매우 산발적이었다. 남들이 보기에 그의 유년기의 경험은 유별났지만, 그에겐 아주 정상적인 것이었다. 특히 말 사육사였던 아버지의 영향으로 동물과의 접촉도 아주 많았다. 에디 베이컨은 자신의 아들이 강인한 남자로 크길 바랐지만, 어린 프랜시스는 그의 기대에 미치지 못했다. 프랜시스는 천식(약물치료와 의료 환경이 열악했던 그 당시에는 아주 심각한 병)이 심했고 집안의 마구간은 그의 상태를 더욱 악화시키기만 했다.

말하길 좋아하는 베이컨은 이상하게도 그의 유년기 시절의 이야기만 나오면 조용해졌다. 아주 가끔 아일랜드의 이야기가 나오면 다시 천식으로 괴로워했다. 그는 다시는 아일랜드로 가는 비행기 티켓을 끊지 않았을 것이다. 그는 마치 우스갯소리처럼 학대받았던 시절을 설명하곤 했다. '우리 엄마랑 아빠는 날 혐오스러워했어요.' 그는 털털한 미소를 지으며 인터뷰 하는 사람에게 말했다. 그는 한 친구에게 자신의 아버지의 광적인 폭력에 대해 말하면서 마구간에서 채찍질을 당했던 일을 얘기한 적이 있다. 그는 가정에서 신체적으로도, 심리적으로도 폭력에 노출된 채 살아왔다. 베이컨이 어릴 적, 그의 집 근처 커리Curragh plains(더블린에 있는 평야, 경마장이 유명)에서 영국의 기병들이 군사훈련을 했었는데, 어린 그가 침대에 누워있으면 그들의 소리를 다 들을 수 있었다. 그의 아버지는 새로 생긴 신페인당Sinn Fein을 극도로 의식했고, 혹여 그들이 찾아오거나 말을 훔쳐가지 않을까 군사훈련 동안은 찍소리도 말고 조용히 지내라고 자식들에게 신신당부했다. 킬데어Kildare(아일랜드 공화국 동부)의 경찰서 서장과 결혼한 그의 할머니는 종종 창문을 때려 부쉈다. 그 때문에 그의 어머니는 할머니를 커튼이 쳐지지 않은 창문 옆에는 절대 앉게 하지 않았다고 한다.

프랜시스는 그가 16살 때 어머니의 속옷을 입어보고 있는 장면을 아버지에게 들켰고, 그 자리에서 집에서 쫓겨났다고 했다. 가족으로부터 굴욕적인 배제를 당한 어린 베이컨은 본능적인 죄책감과 추방당했다는 사실에 지울 수 없는 마음의 상처를 입었다. 후일에 그는 그리스 비극을 통해 자신의 경험을 정의하게 된다. 애매한 범죄를 지은 후에는 모든 감정이 예전과 같지 않다는 것이다. 하지만 이 사건으로 인해 그는 부르주아 문화의 제멋대로인 관례와 의복, 그리고 위선에 있는 모순을 깨닫게 됐다. 베이컨은 그가 공작부인이나 군인, 혹은 목사를 만나든 소위 말하는 문명사회의 중심이었던 극장에 가든 그다지 의상에 대해 개의치 않고 살았다. 그리고 그는 평생을 여성 스타킹도 즐겨 신었다.

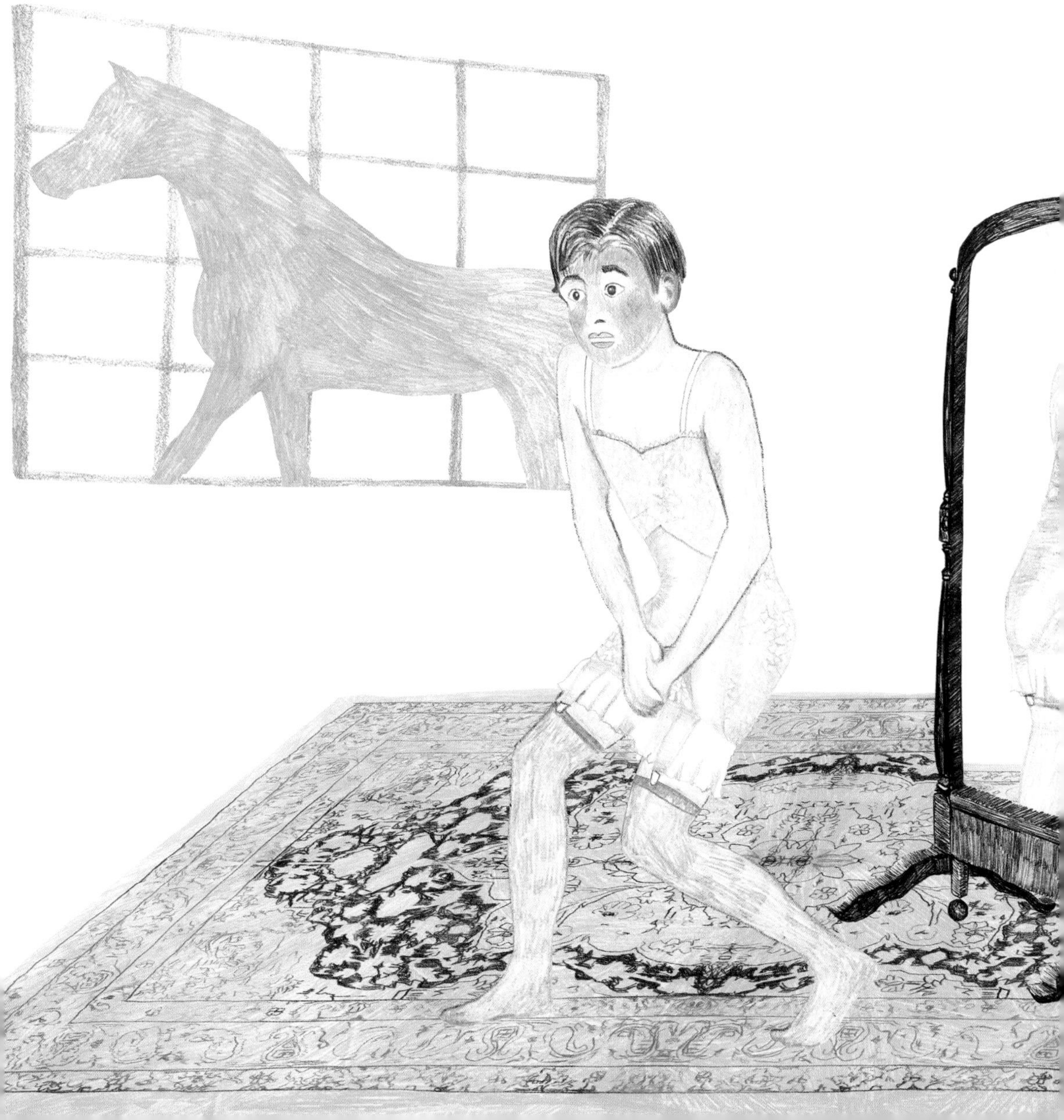

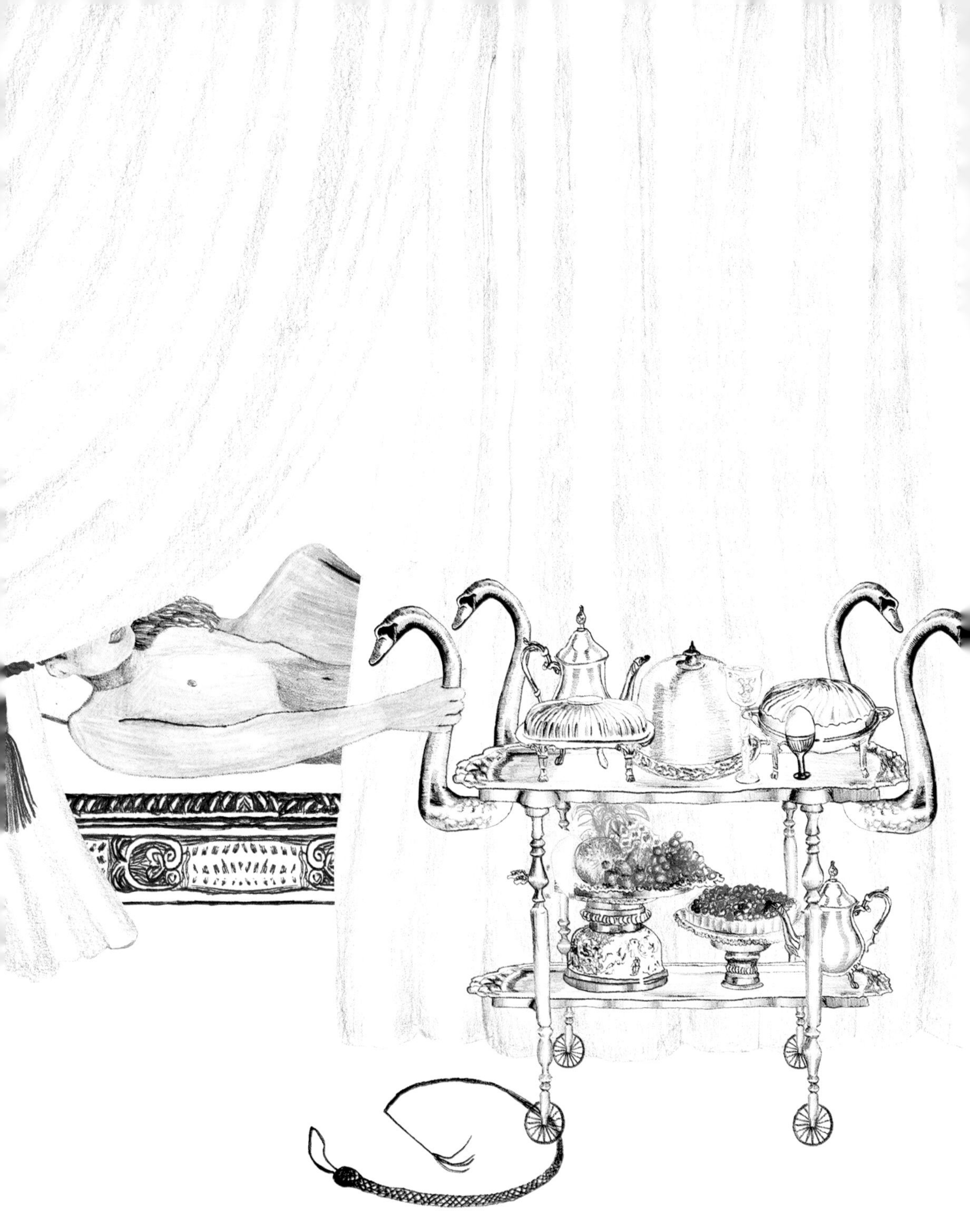

베를린

집에서 쫓겨난 베이컨은 어머니가 매주 보내주는 3파운드로 영국에서 생활했다. 그는 어렸고, 나중에 그가 자백하길, 비도덕적이었다고 한다. 베이컨은 늙은 남자들을 만나면서 그가 원하는 만큼의 생활을 하기 위해선 그리 어려운 일을 하지 않아도 된다는 것을 알게 되었다. 맛있는 술과 음식이 없으면 좀도둑질을 하면서 도망쳐 다녔다. 종종 이상한 가정부의 일을 하긴 했지만 대체로 금방 잘렸다.

그의 아버지는 표면상 아들을 '바르게 키우고 있다'는 걸 보여주기 위해 말 사육사이자 그나마 덜 잔혹했던 '삼촌' 에게 베이컨을 맡겼다. 정말 에디 베이컨은 이 남자가 어떤 사람인지 모르고 그의 아들을 맡겼을까? '삼촌'은 프랜시스를 베를린으로 데리고 가서 오든W.H. Auden(미국의 시인)의 시를 읊어주며 그 당시의 '남색의 몽상'을 알려줬다. 그들은 아들론 호텔(베를린 최고의 호텔)에서 지냈다. 아침식사는 각 귀퉁이에 백조 머리모양의 장식이 달린 은색 카트 위에 준비 되었다. 그는 아직도 '삼촌'과 함께 누워있던 커튼이 쳐진 침대 사이로 그 카트를 끌어당겼던 것을 기억한다. 그는 창밖 거리의 가난을 바라보며 그의 화려한 생활에 안심했다. 그때는 바이마르 공화국이 성립되었던 시기로, 세계 1차 대전 이후에 문화와 성해방 운동이 극심한 인플레이션, 실업난과 동시에 일어나고 있던 때이기도 했다. 혁신적이면서 불결했던 이 짧은 기간은 1927년부터 벼르고 있던 흉악한 나치의 등장으로 인해 이내 막을 내렸다.

그 시대의 베를린은 아름다웠지만 끔찍한 시기였다. 소설가 슈테판 츠바이크Stefan Zweig는 이를 '현대의 바빌론(향락과 악덕의 도시)'이라고 표현했다. 모든 변태적인 성향들이 쏟아져 나왔다. 거리에는 크로스드레싱(이성의 복장을 입는)카바레가 즐비했고, 그 안에선 복장 도착자가 현재까지도 필적할 만한 수준이 없을 정도의 야하고 독창적인 쇼를 선보였다. 독창성은 바우하우스의 디자인 학교와 '신즉물주의New Objectivity' 등 예술과 디자인에서도 나타났다. '신즉물주의' 는 정치적으로 영향을 주는 한이 있더라도, 현실을 그림과 사진 그리고 영화로 정확하게 나타내자는 객관주의적인 성향이다. 하지만 그 당시의 어린 베이컨은 아직까지는 예술에 별다른 관심이 없었다. 베이컨은 '삼촌'과 아들론 호텔에서 시간을 보내거나, 방랑자처럼 정처 없이 밖을 배회하며, 활인화를 홍보하는 나이트클럽부터 페르가몬 박물관의 골동품까지, 거리에서 일어나는 일들을 보고 다녔다. 그는 배회하는 것을 좋아했다. 그리고 무심히도 '삼촌'이 그에게 질려 다른 여자를 만나려고 떠나자 베이컨은 정해진 계획 없이 파리로 떠났다.

파리

베이컨은 파리에 도착하고 얼마 안 되어 보캉틴 부인Madame Bocquentin에게 거두어졌다. 그녀의 집은 프랑스 북부 샹티 근처로 수도와 그리 멀지 않은 곳이었다. 그녀가 베이컨을 보살펴주었고 둘 사이에 우정이 자라났다. 그녀는 그에게 프랑스어를 가르쳤고, 그는 그녀와 함께 프랑스의 갤러리나 행사에 동반했다. 그의 말에 따르면 '완전히 퇴폐'했었던 베를린에서의 생활에도 불구하고, 최소한의 바른 처신을 했었기 때문에 파리에서의 사교계의 생활이 어렵지 않았다고 했다. 실은 보캉틴 부인이 사교계의 몸가짐을 잘 가르쳐줬기에 무사히 그 세계에 물들 수 있었을 수도 있다. 당시 보캉틴 부인에겐 다섯 살 난 딸이 있었다. 그 어린 소녀의 눈에는 자신의 집에서 하숙을 하고 있는 베이컨의 둥근 얼굴과 큰 눈이 마치 천사처럼 보였는데, 그녀가 말하길 그는 아주 조용했다고 했다.

한참 감수성이 예민할 나이의 베이컨은 그가 좋든 싫든 옛 거장의 작품들부터 아방가르드의 이미지까지 지속적으로 노출되었고, 이는 그의 예술적 상상력의 기반이 되었다. 그 당시 초현실주의는 아직 프랑스에서는 널리 퍼지지 않았었지만, 저명한 소련의 영화제작자들이 실험적인 작업을 파리와 베를린에 내놓았었다. 베이컨은 세르게이 에이젠슈타인Sergei Eisenstein의 1925년작인 영화 〈전함 포템킨Battleship Potemkin〉을 보았다. 유명한 오데사의 계단 학살 장면에서 무성의 비명을 내지르는 간호사의 입과 그녀의 깨진 안경을 비춘 장면은 사람들에게 잊을 수 없는 인상을 남겼다. 이후에 그는 1929년의 루이스 부뉴엘Luis Buñuel 감독의 초현실주의 영화인 〈안달루시아의 개un chien andalou〉를 보았다. 초현실주의는 기회의 역할, 발견된 오브제, 영역의 세계를 추구했다. 여기에는 '아름다움은 경련성을 띠지 않으면 아름다움이 아니다'는 주장이 담겨있었다. 그의 잡지 자료 중에는 조르주 바타유Georges Bataille가 출간한 도살장의 비명을 내지르는 입과 엄지발가락의 사진집이 있다. 이런 것들은 부르주아의 가치관을 송두리째 흔들어 놨다. 부르주아들은 논리와 비논리를, 사람과 짐승을, 문명과 야만의 차이를 생각하기 시작했지만, 이런 가치와 차이의 생각들은 잔혹한 세계 1차 대전 직후에는 살아남지 못했다.

영화 〈전함 포템킨〉의 한 장면
Battleship Potemkin

세르게이 에이젠슈타인, 1925.

베이컨은 그의 유년기 시절, 가정과 아들론 호텔을 통해서 느낀 잔혹함을 잘 알고 있었기 때문에 위에서 언급한 것들을 볼 때면 매우 흥분했다. 하지만 그가 말하길, 피카소의 작업들이야 말로 그가 진정 화가가 되어야겠다고 생각하게 된 계기라고 했다. 피카소는 베이컨의 영웅이었다. 그는 피카소의 1920년대의 작품인 넓어지고 뒤틀어진 형체가 해변을 신이 나서 뛰어다니고 있는 그림이나 피카소의 강한 성적 의미가 함축된 열쇠로 문을 여는 그림 같은 생물학적인 형태를 연상시키는 작업들을 좋아했다. 베이컨은 가끔 파리에서 수업을 들으며 그림을 그리기 시작했다. 그의 가장 초창기 그림들은 아주 소량만이 남아있다. 하지만 이때까지도 베이컨의 공식적인 화가의 길은 아직 시작되지 않았다.

키로 문을 여는 멱 감는 사람
Bather Opening Door with Key

파블로 피카소, 1927

목탄화,
피카소 미술관, 파리

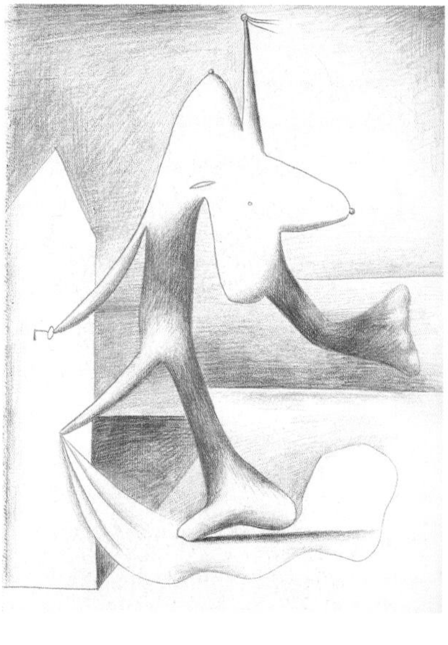

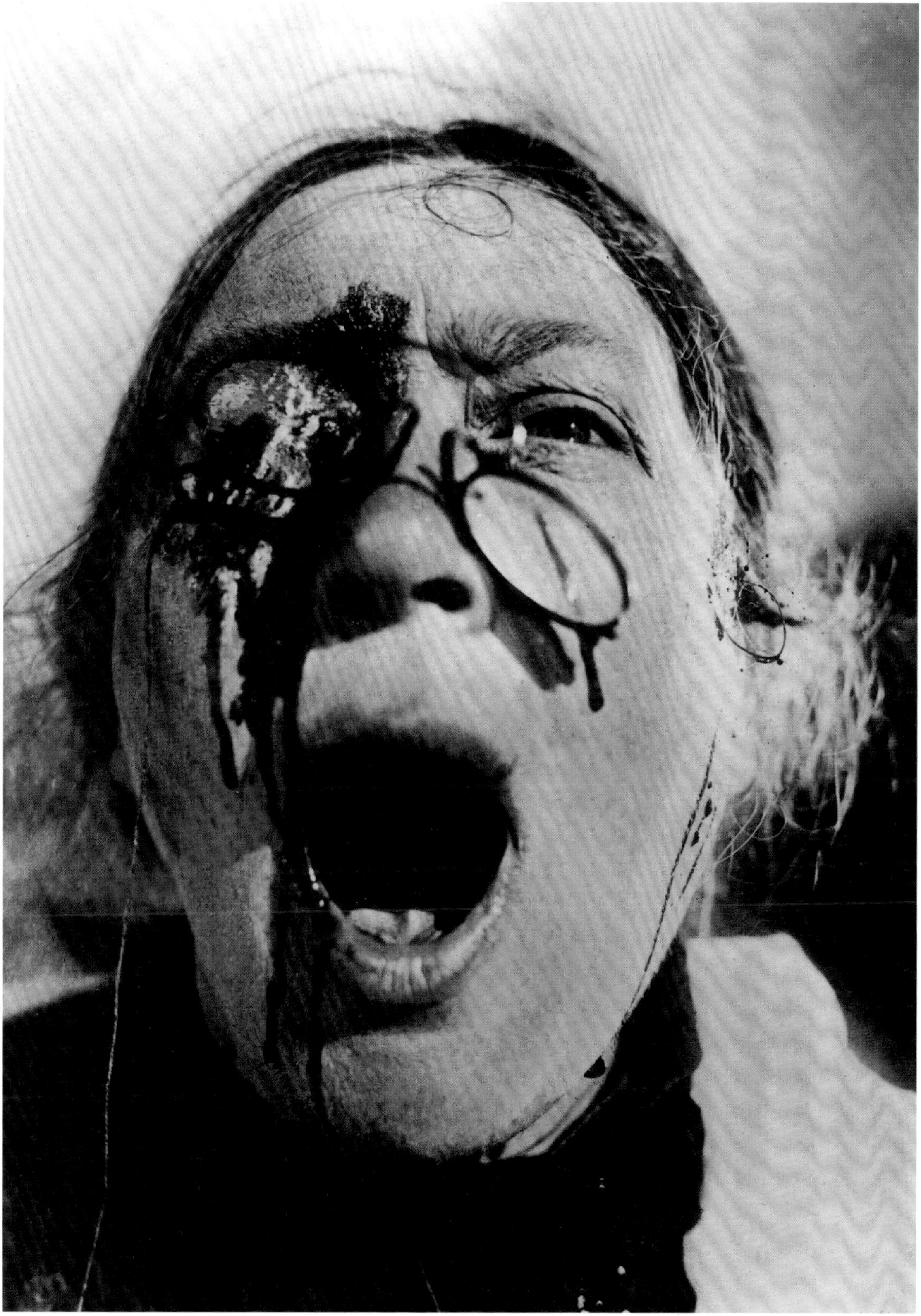

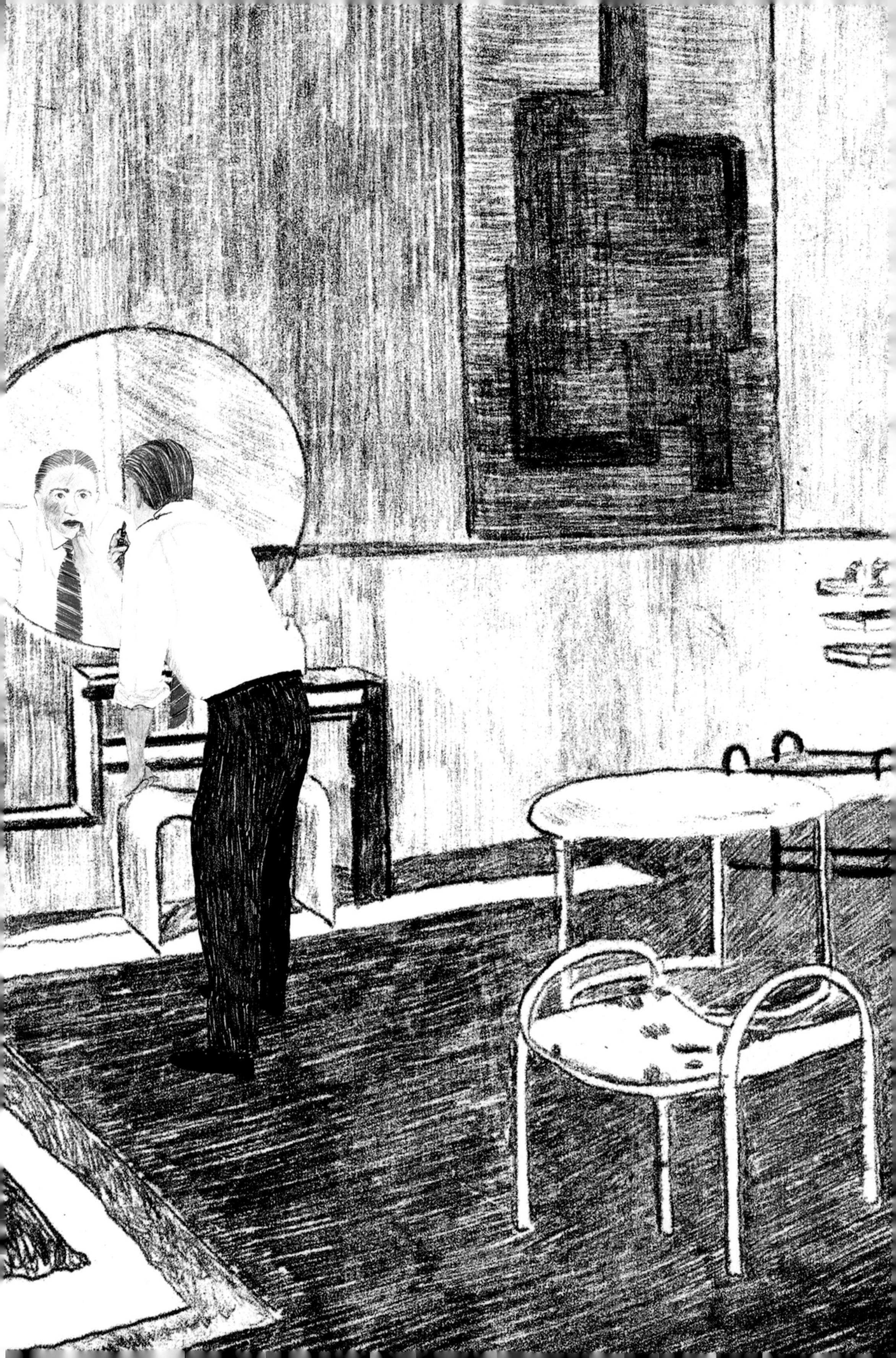

1930년 스타일

베이컨은 1928년 말까지 파리에 있었다. 그 후 1년 뒤, 그가 어떻게 혼자 런던에서, 그것도 꽤 성공한 인테리어 디자이너가 되었는지는 아직도 알 수가 없다. 그의 나이 갓 20살이었다. 그저 젊은 예술가의 성공 일화로 잊힐 수도 있었지만, 영국의 잡지 〈더 스튜디오The Studio〉에서 '영국장식의 1930년 스타일The 1930 Look in British Decoration' 특집에 베이컨이 소개되면서 세상에 알려졌다. 베이컨은 '수년간 파리와 독일에서 경력을 쌓은 젊은 영국의 실내 디자이너를 이제 런던에서도 만나보실 수 있습니다.' 라며 다소 과장되어 소개되었다. 또한 본문에서는 베이컨이 한 창고의 창문을 '하얀 고무판으로 덮어서' 세련된 사무실과 생활공간으로 바꿔놓았다고 극찬했다. 같이 실린 사진에는 젊은 실내 디자이너 베이컨의 퀸즈베리 뮤스Queensberry Mews에 있는 작업실-아직도 그가 이를 어떻게 부담했는지는 모른다-의 최소한의 크롬, 유리재질의 관 모양, 철제의 가구들, 크고 둥그런 거울, 그리고 그가 직접 디자인한 카펫이 찍혀 있었다.

나중에 베이컨은 실내 디자이너 초창기의 물건들을 싸게 팔아버린다. 그의 테이블, 의자, 그가 그린 병풍과 카펫은 잡지 〈건축 평론Architectural Review〉의 현대적인 기호와 아주 잘 맞아떨어졌다. 이 잡지는 파리와 베를린 같은 유럽대륙의 현대적인 스타일을 선호했다(우연치 않게 베이컨이 두 도시에서 지내면서 얻은 신임이 힘을 발휘한 것이다). 그의 스타일은 합리적이었으며 깔끔하고 위생적이었다.

영국장식의 1930년 스타일
The 1930 Look in British Decoration
잡지 〈더 스튜디오〉 1930년 8월호에서.

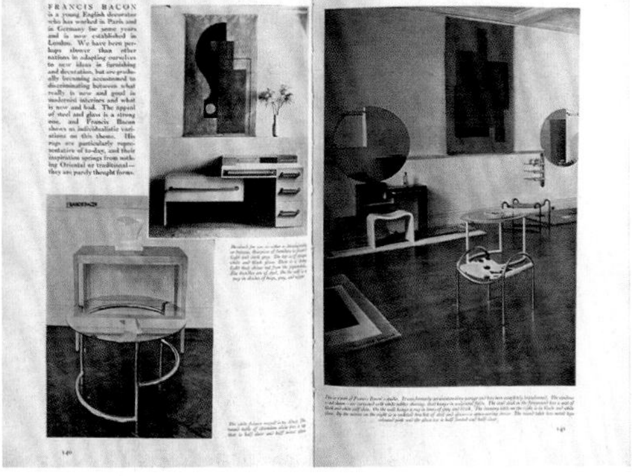
THE 1930 LOOK IN BRITISH DECORATION

FRANCIS BACON is a young English decorator who has worked in Paris and in Germany for some years and is now established in London. We have been perhaps slower than other nations in adapting ourselves to new ideas in furnishing and decoration, but are gradually becoming accustomed to discriminating between what really is new and good in modernist interiors and what is new and bad. The appeal of steel and glass is a strong one, and Francis Bacon shows us individualistic variations on this theme. His rugs are particularly representative of to-day, and their inspiration springs from nothing Oriental or traditional—they are purely thought forms.

드 메스트르

베이컨은 실내 디자이너 시절, 호주 출신의 예술가 로이 드 메스트르Roy de Maistre와 많은 시간을 보냈다. 그 또한 꽤 성공한 화가이자 실내 디자이너로 일을 하고 있었다. 베이컨은 드 메스트르에게 그림을 배웠고 그를 통해 많은 예술가와 작가들, 그리고 컬렉터들을 만나기 시작했다.

베이컨의 첫 번째 전시에 무엇이 있었는지, 어땠는지는 아직도 애매하다. 1930년에 그가 드 메스트르 그리고 또 다른 예술가 장 셰퍼드Jean Shepeard와 함께 셰퍼드의 작업실 겸 전시장에서 전시를 했던 것은 맞지만, 몇몇의 카펫과 그림을 내놓은 것을 빼곤 정확한 정황을 모른다. 그 때의 작품들이 없어지거나 훼손됐기 때문이다. 남아있는 작품이라곤 1929년에 그려진 구아슈화 하나와 신고전주의 장식을 현대적이고 기하학적으로 표현한 카펫과 병풍뿐이었다. 그 외 30년대에 그려진 작품들은-확실히 그의 작품인지 아닌지 논란이 되는 작품도-너무나도 다양한 방식으로 그려져, 이 젊은 예술가가 정확히 어떤 길을 가고 싶어 하고, 말하고 싶어 하는지 알 수가 없었다.

베이컨이 제대로 유명세를 타기 시작한 것은 그의 그림 〈십자가에 못 박힘혹은 십자가형, Crucifixion〉이 허버트 리드Herbert Read의 저명한 책 〈아트 나우Art Now, 1933〉에 실리게 되면서였다. 십자가에 못 박힘은 귀신같은 핀의 머리를 가진 형체가-아마도 두 개의-서로 기대어 있는 어두운 배경의 그림이다. 리드는 이 작품을 1929년의 피카소의 작품과 연관 지어 말하며 크게 칭찬했다. 드 메스트르(그는 나중에 가톨릭으로 개종을 한다) 또한 이 시기에 십자가형을 주제로 한 그림을 그렸었다. 베이컨의 그림은 당시 실세였던 리즈Leeds의 컬렉터 마이클 새들러Michael Sadler가 사들였고(지금은 데미안 허스트가 소유), 새들러의 두개골을 가미해 그린 〈십자가에 못 박힘The Crucifixion, 1933〉의 의뢰까지 받았다.

그가 가구 디자인을 포기하고 1934년에 열린 혼자만의 전시를 준비하기 시작하자, 요란했던 이 젊은 예술가의 유명세는 사라질 것 같았다. 하지만 그의 첫 전시는 초창기 수많은 실패 중의 하나일 뿐이었다. 베이컨은 〈타임The Times〉지에 그의 전시에 대해 그리 좋지 않은 기사가 난 것을 보고-팔려버린 몇몇 작품을 제외하고-전시에 쓰인 모든 작품을 부숴버렸다. 또한 1936년에 국제 초현실주의 전시 위원회로부터 그의 작품이 '덜 초현실주의' 라며 그 자리에서 퇴짜를 받자, 그는 그려왔던 작품들을 오랫동안 방치했다. 40년대 중반 전의 작품은 아주 소량만 남아있다(하지만 그의 카펫은 종종 경매에 올랐다). 그의 작품 활동은 아주 산발적 이었다.-과장이 아니다-그리고 그려진 작품들은 그로 인해 부서지고 심지어 그는 종종 자신이 만든 작품의 존재여부 자체도 거부했다. 그는 1937년에 열린 한 전시에서 세 개의 그림을 걸었지만, 그 뒤로 상업적인 갤러리에 그의 작품이 나온 것은 1945년이 되어서였다.

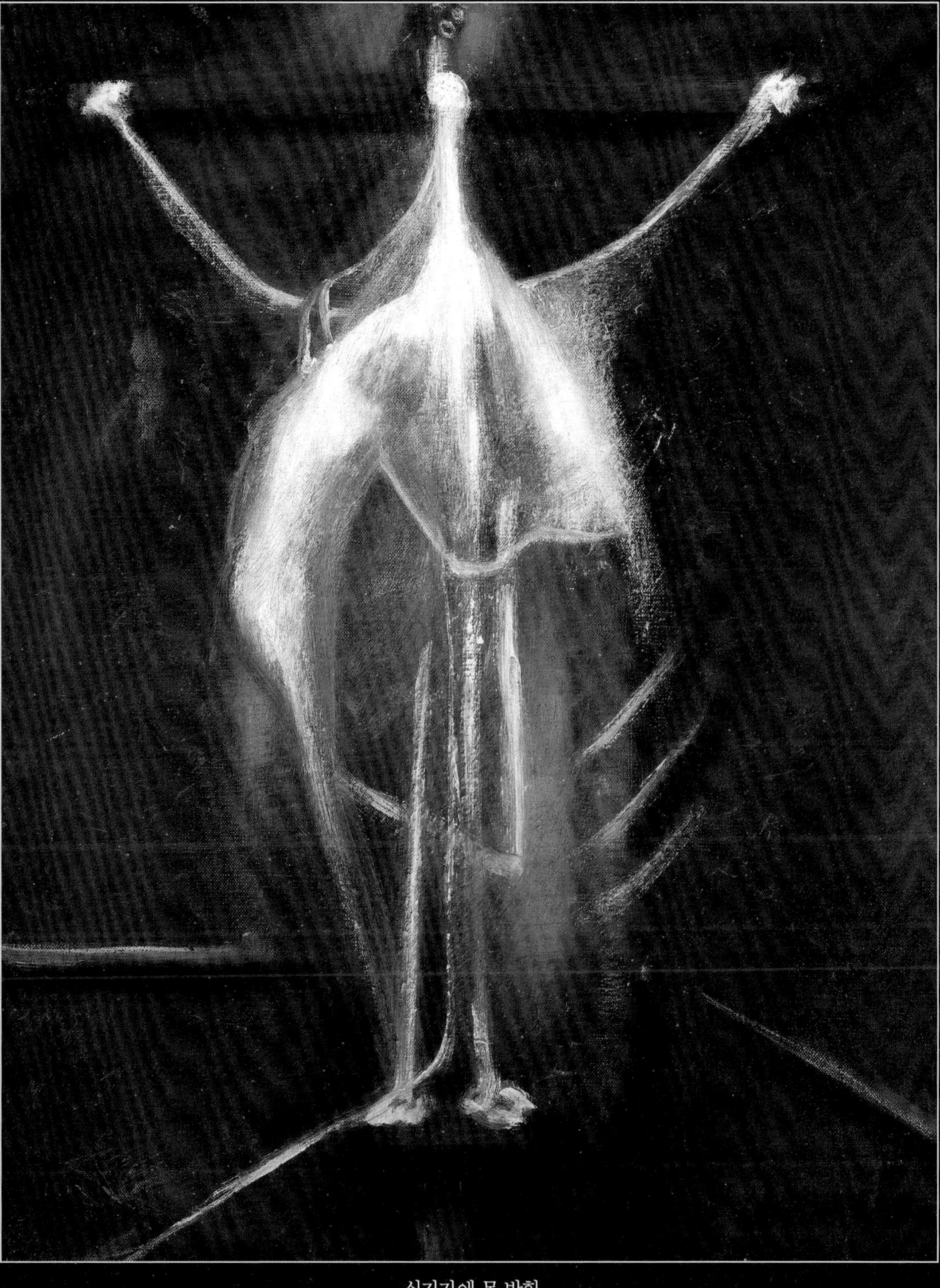

십자가에 못 박힘

Crucifixion

프랜시스 베이컨, 1933

캔버스에 유채

에릭 홀 그리고 전쟁

베이컨의 가정생활은 항상 불안정했다. 하지만 그런 베이컨과 계속 함께한 사람도 있었다. 바로 그의 늙은 보모, 제시 라이트풋Jessie Lightfoot이었다. 그녀는 1951년에 숨을 거두기 전까지 베이컨의 곁에 있었다. 베이컨은 '프랜시스 라이트풋'이라는 필명으로 〈타임The Times〉지 1면에 '신사의 신사'라는 공고를 내곤 했었다. 이는 동성애자 사이에서 파트너를 구하는 암호였다. 베이컨의 보모는 공고를 보고 들어오는 편지를 심사해서 '제일 괜찮은 것들'을 뽑아줬다. 혹여 일이 잘못되면 그를 구하러 가곤 했다.

베이컨이 런던에 있는 신사 클럽에서 부자 남자를 만날 구실을 마련하기 위해 전화응대 업무를 하고 있었을 때, 에릭 홀Eric Hall을 만났다. 에릭 홀은 고학력의 사업가이자 예술 후원인이었다. 홀은 범죄의 길로 접어들고 있던 베이컨의 삶을 구해준 사람이었다. 그는 베이컨의 집세-그의 보모의 집세도-를 내준 것 뿐 아니라, 그가 그림을 그릴 수 있게 북돋아 주고 그의 작품들을 홍보해줬다. 또한 그는 베이컨의 문화적 성향을 넓혀주는데도 한몫했다. 그는 그리스 비극과 T. S 엘리엇T.S Eliot의 시와 연극을 소개해줬다. 베이컨은 모든 것을 다 흡수했다. 아이스킬로스Aeschylus(그리스 비극의 시인)와 엘리엇을 통해 떠오르는 이미지와 언어들은 수년간 베이컨의 상상력을 자극시켰다. 홀은 결혼도 했고 아이까지 있었는데, 1936년엔 베이컨의 매력에 빠져 가족을 떠나 베이컨과 함께했다. 홀은 베이컨과 그의 보모라는 매우 이상한 조합의 가정에 합류했고, 이는 수년간 베이컨 생에 다신 없을 안정을 주었다.

1939년, 전쟁이 발발했을 때 베이컨은 천식으로 인해 징병을 면했다. 공습이 있을 동안 공습경계경보센터Air Raid Precautions에서 일을 했지만, 점점 숨을 쉬는 것조차 힘들어져 햄프셔Hampshire에 있는 피터스필드Petersfield 근처에서 요양을 하며 지냈다. 그는 시골에서의 생활이 싫다고 했다(창밖에서 평화로이 지저귀는 새들을 '그것들'이라고 불렀다). 하지만, 한가로운 시골의 생활이야 말로 그가 그림을 제대로 그림을 그리기 시작한 계기가 되었다. '만약 내가 천식이 없었다면, 아마 그림을 그릴 생각도 하지 않았을 것이다.' 그가 한 말이다.

1943년, 그는 런던으로 돌아가 사우스켄싱턴South Kensington에 있는 크롬웰 플레이스Cromwell Place에 자리를 잡았다. 그가 살기로 한 집은 이전에 라파엘전파Pre-Raphaelite의 화가 존 에버렛 밀레이John Everett Millais가 소유하고 있었던 집이었다. 베이컨의 한 친구는 '집의 장엄함을 떨어트렸다'라고 비아냥거렸다. 베이컨은 전쟁의 잔재에서 도박으로 살아남았다. 그는 그의 호화로운 작업실을 낮에는 작품 활동 공간으로 쓰고 저녁에는 불법 카지노로 사용했다.

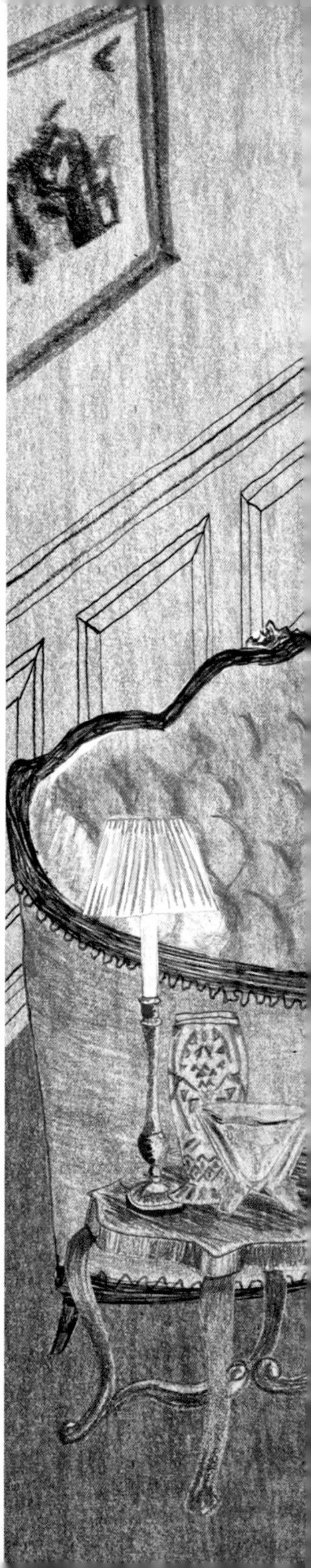

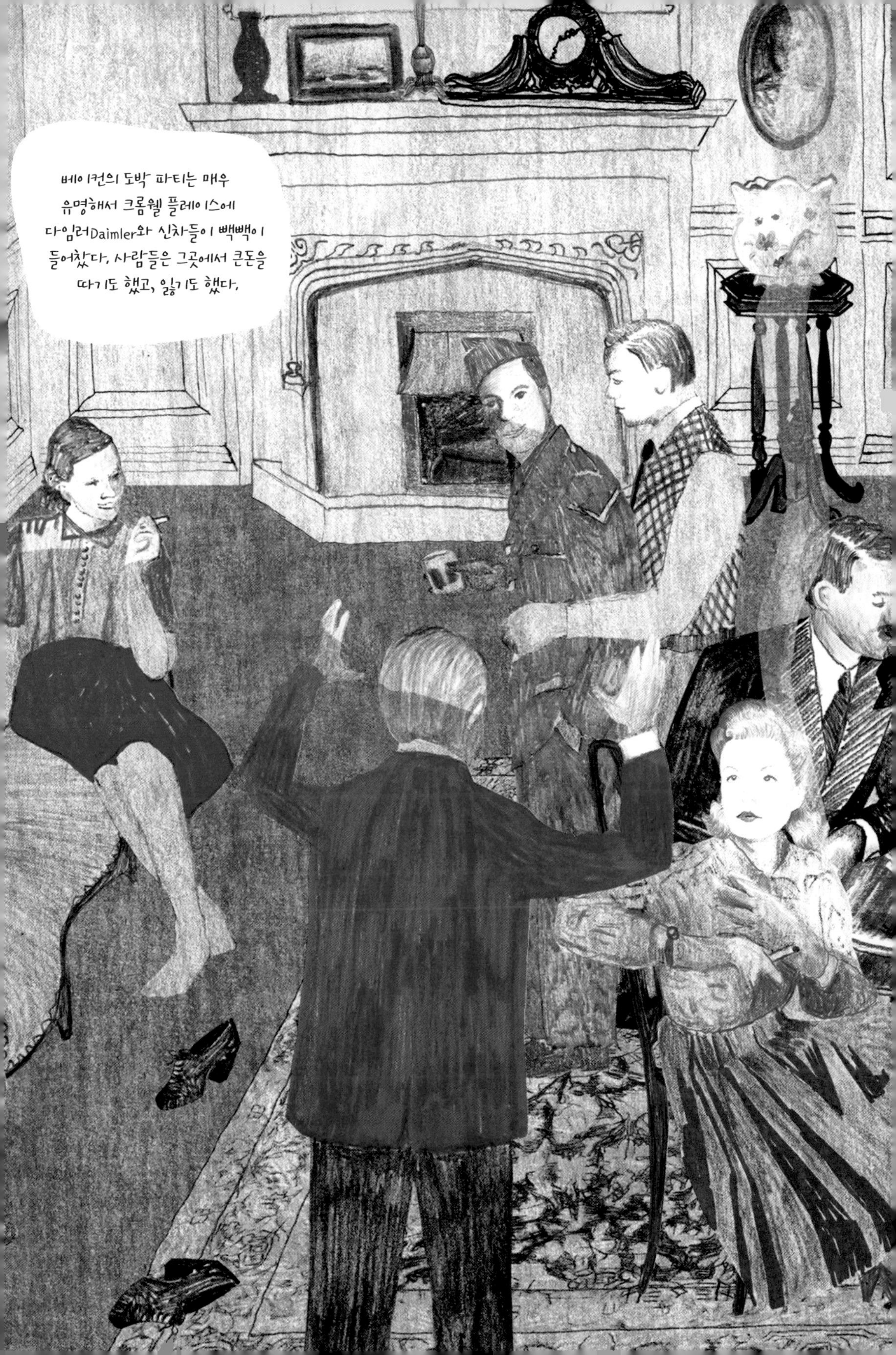
베이컨의 도박 파티는 매우 유명해서 크롬웰 플레이스에 다임러Daimler와 신차들이 빽빽이 들어찼다. 사람들은 그곳에서 큰돈을 따기도 했고, 잃기도 했다.

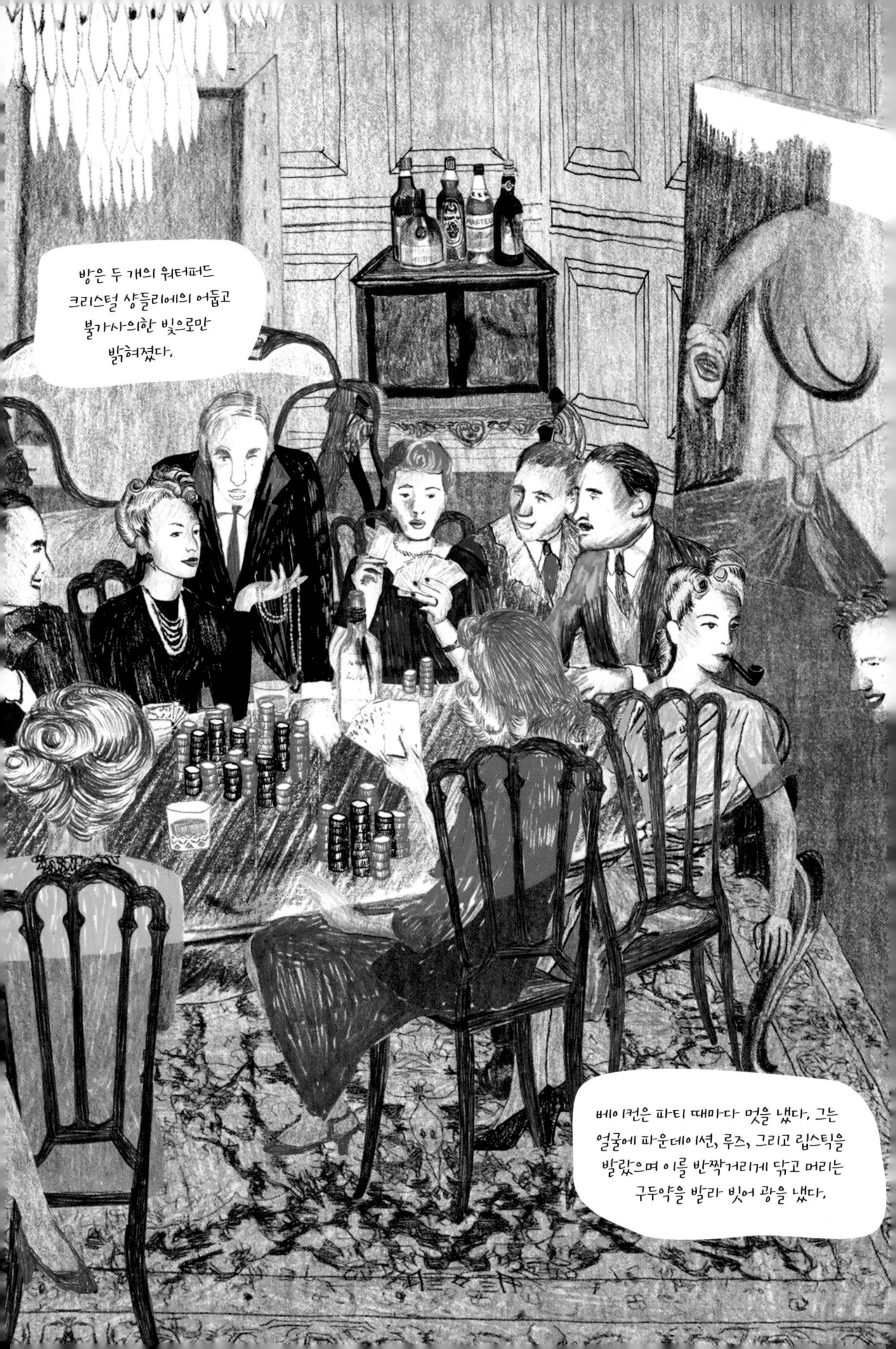
방은 두 개의 워터퍼드 크리스털 샹들리에의 어둡고 불가사의한 빛으로만 밝혀졌다.
베이컨은 파티 때마다 멋을 냈다. 그는 얼굴에 파운데이션, 루즈, 그리고 립스틱을 발랐으며 이를 반짝거리게 닦고 머리는 구두약을 발라 빗어 광을 냈다.

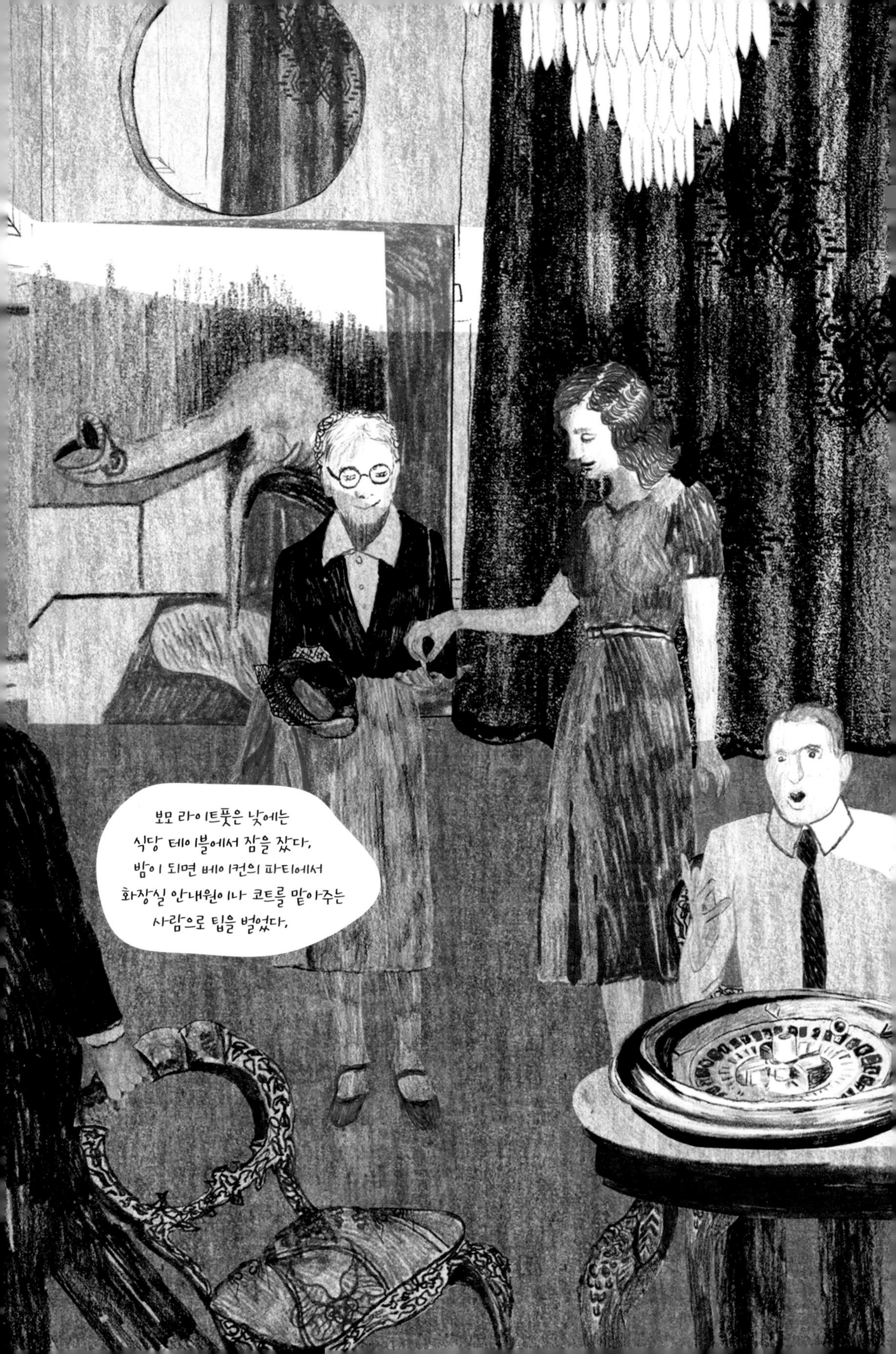
보모 라이트풋은 낮에는 식당 테이블에서 잠을 잤다. 밤이 되면 베이컨의 파티에서 화장실 안내원이나 코트를 맡아주는 사람으로 팁을 벌었다.

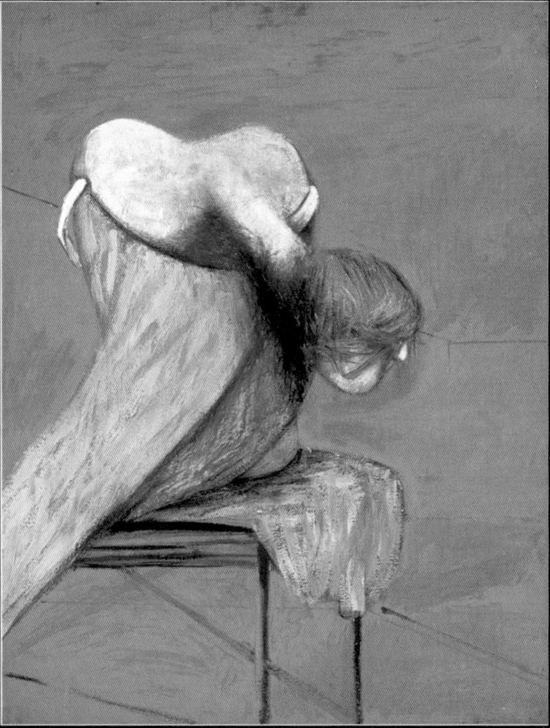

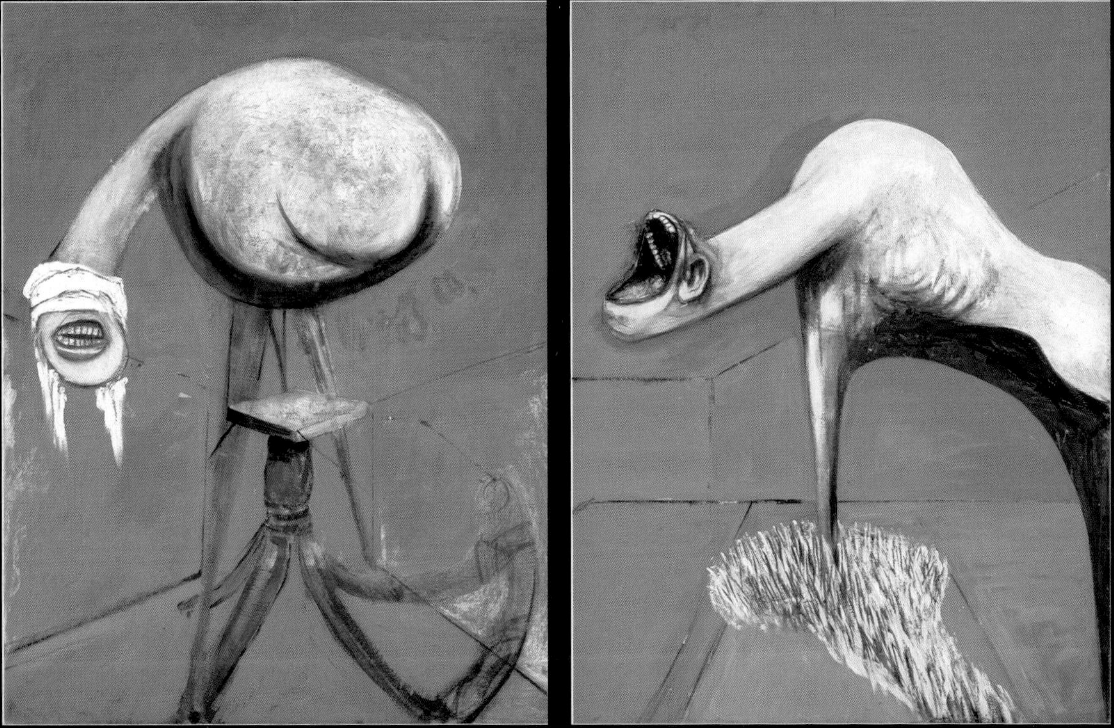

십자가 책형을 위한 세 개의 습작

Three Studies for Figures at the Base of a Crucifixion

프랜시스 베이컨, 1944

세 습작

〈십자가 책형을 위한 세 개의 습작Three Studies for Figures at the Base of a Crucifixion〉은 1944년에 완성이 되었고 이듬해 봄에 런던에 있는 그룹전시회에 전시되었다. 이는 작품을 보는 모든 사람들을 겁에 질리게 만들었고, 베이컨을 화가의 이름으로 각인시킨 작품이 되었다. 당시 전시 장소에 있던 비평가 존 러셀John Russell에 의하면, 그곳에는 '그림에 눈길을 한 번이라도 줬다면 끊임없이 올라오는 끔찍함에 마음을 닫아야 하는' 작품이 있었다고 말했다. '우리는 이 상황을 설명할 수가 없었다. 우리가 느끼는 이 감정에 대해서도 뭐라고 불러야 할지 몰랐다.' 러셀이 집필한 내용이다.

그림엔 세 형태가 있다. 동물이라고 하기엔 참 사람 같은 형태의, 마치 거머리 같은 팔다리가 없는 자연의 형태였다. 구불구불하고, 장애가 있는 듯했으며 이빨모양의 이상한 그 형태들은 마치 사람들을 위협하거나, 가까이 다가가기라도 하면 당장이라도 달려들 것처럼 위협적으로 보인다. 단순하지만 인공적이고, 성기와 같은 살색 덩어리가 조그만 단 위에 받쳐져 오렌지 배경 위에 조각처럼 얹혀있다. 오렌지 배경은 불타는 욕정과 드가Degas의 그림을 떠오르게 한다. 이 형태들은 십자가 책형의 가려진 발끝에 위치해 있다. 전통적인 예수 그리스도의 십자가 책형에서는 성인들이나 슬퍼하는 어머니에 의해 가려진 부분이다. 하지만 이 작품의 제목에서 알 수 있듯이 이는 역사적으로 일어났던 그리스도의 십자가 책형이 아닐 수도 있다. 단순히 일상에서도 일어날 수 있는 십자가에 못 박힘을 그린 그림일 수도 있다. 세 형태들은 '사람이 사람한테 행하는 비인간적인 짓'을 향해 울부짖고 이를 갈고 있다는 것을 보여준다. 이는 유럽에 스며있는 상상하기도 힘든 끔찍한 전쟁의 잔재로부터 영감을 받은 것일 수도 있다.

만약 이 작품이 전쟁 예술이었다면, 전쟁 예술가 자문 위원회War Aritists' Advisory Committee의 공식적인 후원은 절대 받지 못할 작품일 것이다. 위원회가 추구하던 바는 가벼운 전투장면이나 폭격 맞은 지역 혹은 방공호의 현대적인 기록물들이었다. 사람들로 하여금 이 끔찍한 전쟁이 끝나면 다시 보통의 삶이–혹은 이전보다 더 나은–재개될 것이라는 희망을 주는 것이었다. 베이컨 작품의 숨겨진 의도는 전쟁의 가혹행위를 책임져야 하는 '적'을 향한 것만이 아닌, 인류 자체에 향한 것이었다. 이 세 형태의 정체는 베이컨이 후일에 그리스 비극에 등장하는 복수를 쫓아다니는 에우메니데스 혹은 복수의 여신들이라고 밝히기 전까지 미궁에 빠져있었다. 복수의 여신들은 거머리와 유사하게, 누구의 것인지는 상관없이 피를 원했다. 베이컨의 그림들은 베르겐-벨젠Bergen-Belsen의 강제수용소가 해방된 해의 봄에 전시되었다. 모든 것이 이전과 같지 않다고 호소하는 듯했다.

베이컨의 세 연작은 맥락상으로 볼 때 '시대를 외설적으로 표현'한 작품으로 생각될 수도 있지만, 그의 말에 따르면 이 연작들은 전쟁과는 아무 상관이 없다고 했다. 그는 피카소가 1920년대 말에 그린 생물 형태를 연상시키는 작품들을 본 후로 그 또한 그런 형태에 관한 연구를 (드 메스트르도 역시) 했을 뿐이라고 했다. 작품 안에서 느껴지는 괴로움은 전쟁에서부터가 아닌 그가 사적으로 느끼는 감정의 것이라고 말했다. 그게 어떤 것인지는 가늠할 수가 없다. 하지만 확실한 것은 그가 에릭 홀과 같이 본 〈가족의 재회The Family Reunion〉-T.S 엘리엇이 쓴 그리스의 비극-에 나온 괴상한 에우메니데스를 떠올리면서 이 세 형태를 탄생시켰다는 것이다. 연극은 자신이 죄를 지었다고 생각하고 있는 한 아들이 부모의 집으로 돌아가는 길에 복수의 여신들에게 쫓긴다는 내용이었다. 아이스킬로스의 주장으로는 복수의 여신들은 쫓기는 당사자 외엔 볼 수가 없다고 한다. 아마 베이컨의 개인적인 고뇌들이 그에게만 보이는 세 형태의 모습, 혹은 복수의 여신의 모습으로 다가오지 않았나 싶다. 예술 역사가인 앤드류 브라이튼Andrew Brighton은 전쟁이 끝난 후엔 절망이 유행이라고 말했다. 그의 주장대로 베이컨의 작품은 작가의 의도와는 다르게 절망을 표현한 작품으로 사람들에게 알려졌다. 이 세 연작은 베이컨의 가장 잘 알려진 작품이 되었고, 후에 리들리 스콧Ridley Scott의 영화 〈에일리언Alien, 1979〉으로 유명한 '체스트버스터 Chestburster'의 모체가 되기도 했다(아래의 그림 참조).

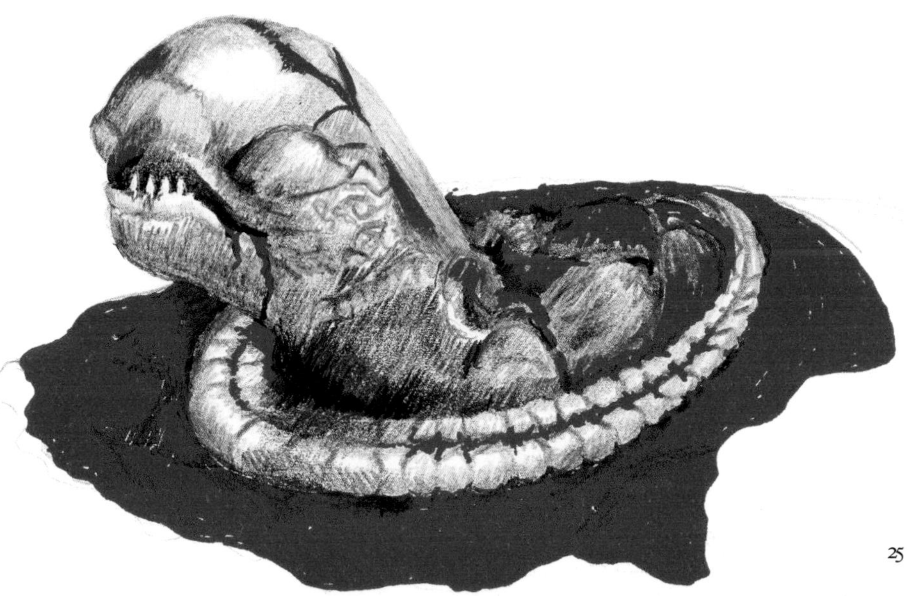

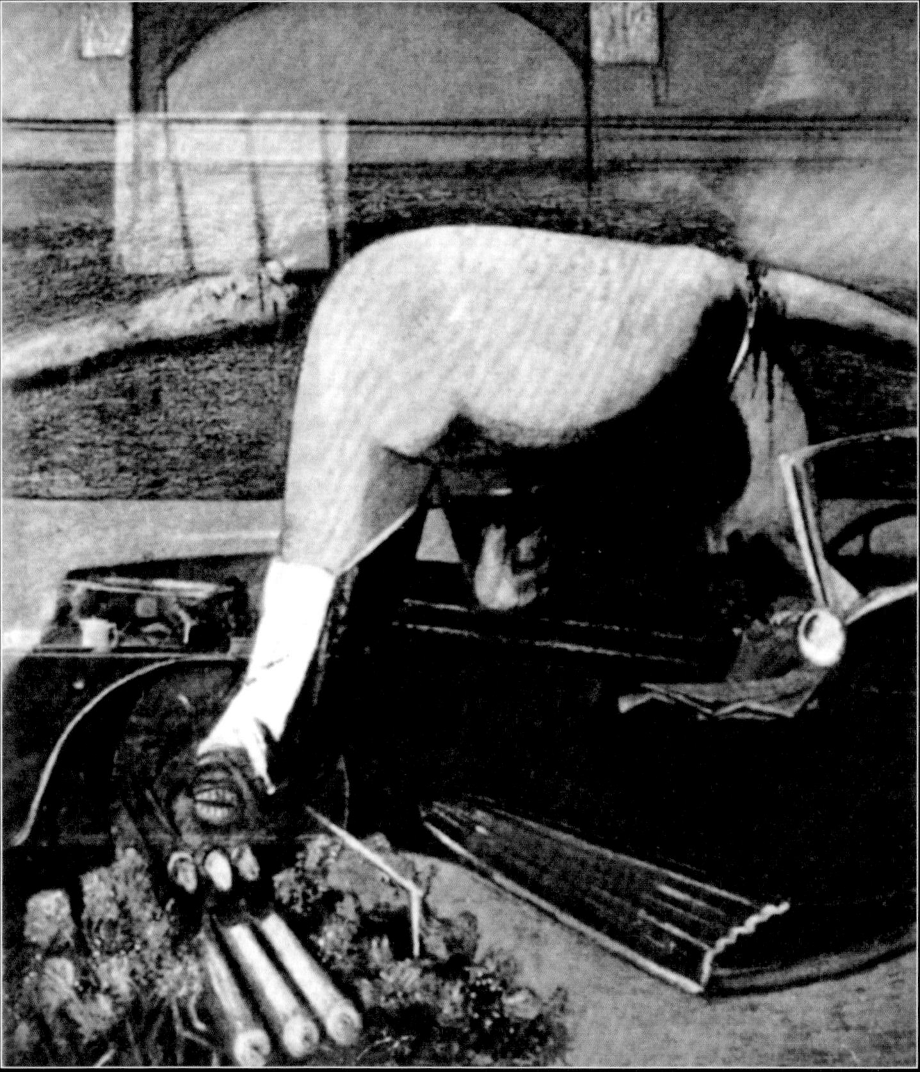

차에서 나오는 사람
Figure Getting out of a Car
프랜시스 베이컨, 1939-40(후에 재작업)

피터 로즈 펠햄의 사진, 1946

나치

베이컨은 그의 작품들을 향한 해석들이 점점 난무해지자 불편해했다. 그가 만약–그의 작품세계 안에서–전쟁을 경시했다면, 교훈적이고 도덕적인 암시를 담은 전쟁 예술가로서 들먹여지지 않았을 것이다. 그가 주장하길 그의 그림은 어떤 것의 '비판'도 아니며, 아무것도 '말하는 바'가 없다고 했다. 예를 들면 피카소의 〈게르니카Guerinica〉처럼 인류의 잔혹행위에 반발하는 종류의 그림이 아니라는 것이다. 베이컨에게 잔혹행위란 인간다움의 하나였다. 그는 당시 대부분의 지식인들이 인문주의 사상을 고수할 동안 한명의 음울한 포스트휴머니스트로서 세상을 바라보았다.

그는 파시스트적인 사진에 크게 매력을 느꼈다. 나치의 건물, 집회, 그리고 나치 군들의 행렬, 발코니나 지휘대 위에서 군중들에게 연설을 하는 모습, 입을 크게 벌린 모습, 한 손을 높이 뻗은 파시스트 당원의 거수경례 등의 사진들을 모았다. 그는 위협조의 발언을 내뱉는 부위와 부드러운 신체부위입가 일치한다는 사실에 강한 매력을 느꼈다. 또한 빽빽이 모여 있는 나치의 군중은 그의 작품 발상에 많은 자극을 주었다.

그가 모은 사진들은 베이컨의 1940년대의 많은 작품들-대부분이 없어지고 파기된-의 요소로 하나둘씩 등장했다. 〈차에서 나오는 사람Figure Getting out of a Car〉은 전쟁 중에 그려졌고, 나중에 그 위에 다른 그림이 덧그려졌지만, 원본의 사진이 남아있다(흥미롭게도 사진에는 베이컨의 크롬웰 플레이스 작업실에 있던 다기 세트가 반사되어 찍혀 있다). 이 작품은 나치 회의를 위해 차에서 내리는 히틀러의 사진을 각색한 것이란 것을 알 수 있다. 1944년도의 세 습작의 형태와 유사한 형체가 지붕이 없는 차 밖으로 징그럽게 기어 나와 이빨달린 입으로 꽃 위에 놓인 마이크 다발을 향해 말하는 것처럼 보인다. 나치는 특히나 사진 촬영을 할 때 꽃을 두길 좋아했다. 베이컨은 40년대 중반에 꽃에 둘러싸인 파시스트당의 위협적인 모습, 우거진 정원과 트위드 정장, 사람들의 안녕을 거부하고 외로운 영혼을 구원하는 역할이란 주제(모두 나치와 관련된)로 많은 그림들을 작업했다.

뉘른베르크에서 군중들에게 인사하는 히틀러, 1933.
Hitler greeting the crowds at Nuremberg

석판인쇄, 개인소장.

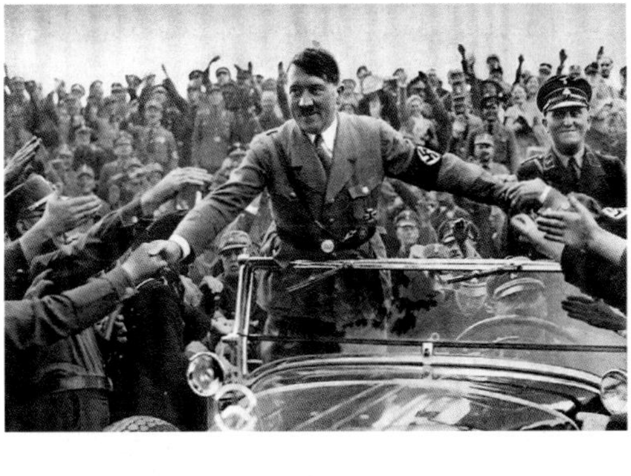

페인팅1946

마치 악몽의 한 장면처럼, 〈페인팅Painting, 1946〉은 의미심장한 형체와 이미지들이 한곳에 부자연스럽게 가득 뭉쳐져 큰 충격을 준다. 그 악몽은 역사를 의미하는 것 같다. 그림 중심엔 우산을 쓴 어두운 양복을 입은 남자가 있다. 그의 얼굴은 잘 알아볼 수 없지만 마치 베이컨이 모아온 사진 속의 남자처럼 독재자의 기운을 품고 있다. 그는 베이컨이 '고기 안락의자' 라고 부르는 곳에 앉아있다. 그의 뒤로는 날고기가 걸려있다. 요상한 화환들이 고리모양으로 늘어져 그림의 윗부분을 가로지르고 있다. 이 화환은 날고기의 척추를 카니발 다과회에서나 볼 수 있는 장식용 깃발처럼 감아서 끌어 올렸다.

베이컨은 이 그림에 수많은 이미지들을 참고했지만, 오직 일부만 인식이 가능하다. 뒤로 걸린 날고기는 수틴Soutine과 렘브란트Rembrandt의 작품에서 유사한 주제를 찾을 수 있다. 이는 십자가 책형을 암시한다. 화환은 히틀러가 1938년에 군중에게 연설했을 때 발코니를 장식했던 것과 비슷하다. 배경에 쳐진 블라인드는 독재자의 벙커를 찍은 사진에서 찾아볼 수 있다. 그림 도입부의 괴상하게 굽어있는 난간은 베이컨이 실내 디자이너였던 시절의 자주 쓰던 금속재질의 관 모양의 틀이다. 이 난간의 형태는 그의 다른 작품에서도 희미하지만 여러 번 등장하는데, 그가 말하길 난간은 '그림을 자연 환경으로부터 떨어트리는' 미신적인 역할을 한다고 한다. 그는 버릇처럼 모든 것은 그저 형식적일 것일 뿐이라고 주장했지만, 그의 작품의 요소가 현실 세계에 미치는 영향은 무시할 수가 없었다. 난간을 예를 들어 설명하자면, 이는 동물원 우리의 난간, 룰렛 테이블을 분리하는 난간, 혹은 말 경주트랙의 난간(그의 유년기 시절에 익숙했던) 등으로 해석될 수 있다.

이 작품은 후에 베이컨의 기법이라고 불리는 표현들이 복잡하게 나타나 있고, 매우 여러 가지의 뜻이 함축되어있다. 그래서인지 베이컨은 이 작품을 유독 좋아했다. 그는 이 작품을 보고 어떻게 그림이 우연히 완성이 되는가를 보여주는 좋은 예라고 했다. 그는 그림 그리는 것을 풀밭 위의 유인원이라고 비유했고, 그가 가진 이미지들을 땅에 내려앉는 새들에 비유했다. 이 두 생명체의 '계속된 움직임이 낳은 결과'가 우리가 지금 보는 그의 작품들이라고 설명했다.

그가 작품을 팔기 시작한 것도 이 〈페인팅1946〉을 통해서였다. 이 작품은 그림이 그려진 같은 해에 에리카 브라우젠Erica Brausen에게 팔렸다가 2년 후 뉴욕의 현대미술관Museum of Modern Art에 팔렸다.

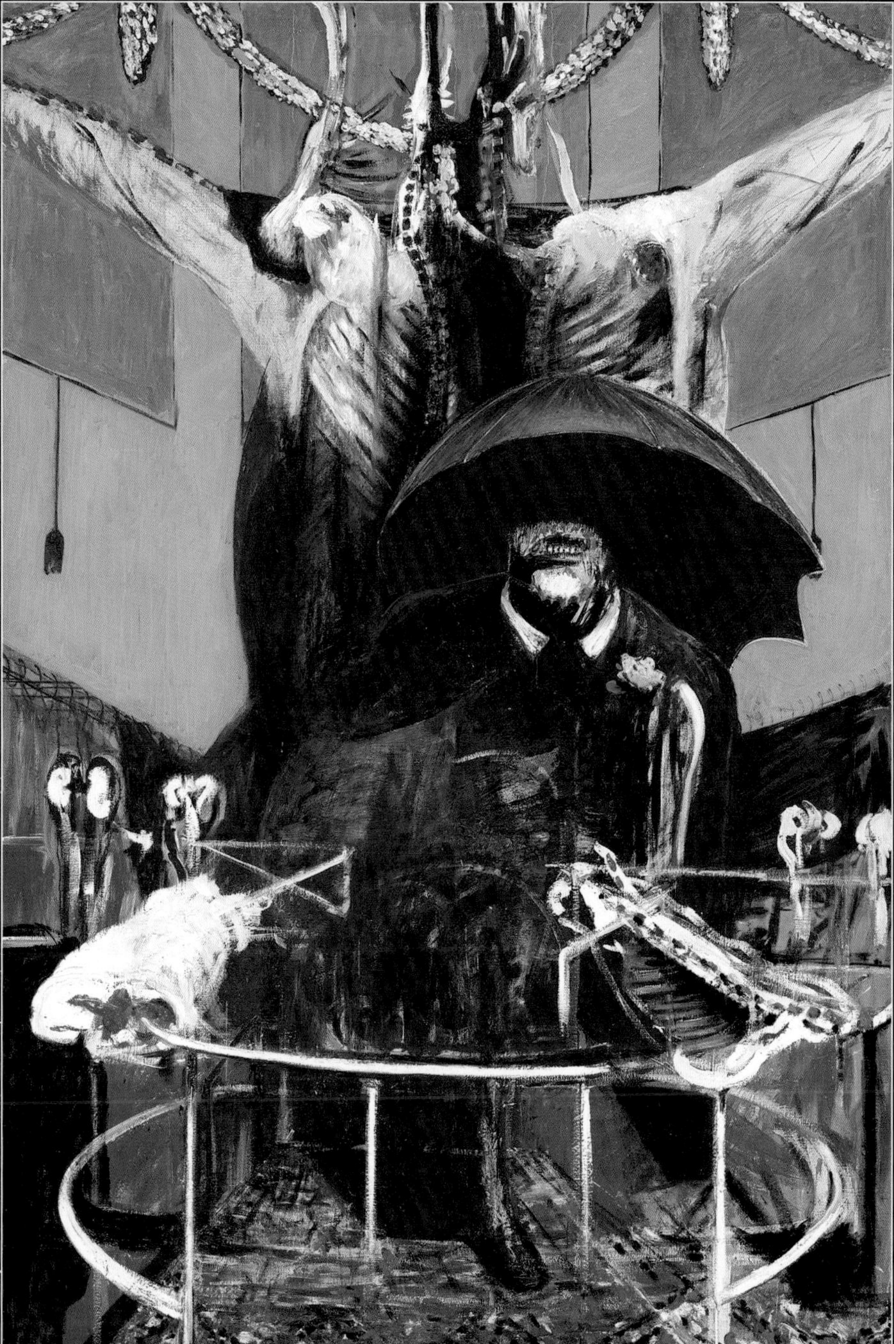

페인팅

Painting

프랜시스 베이컨, 1946

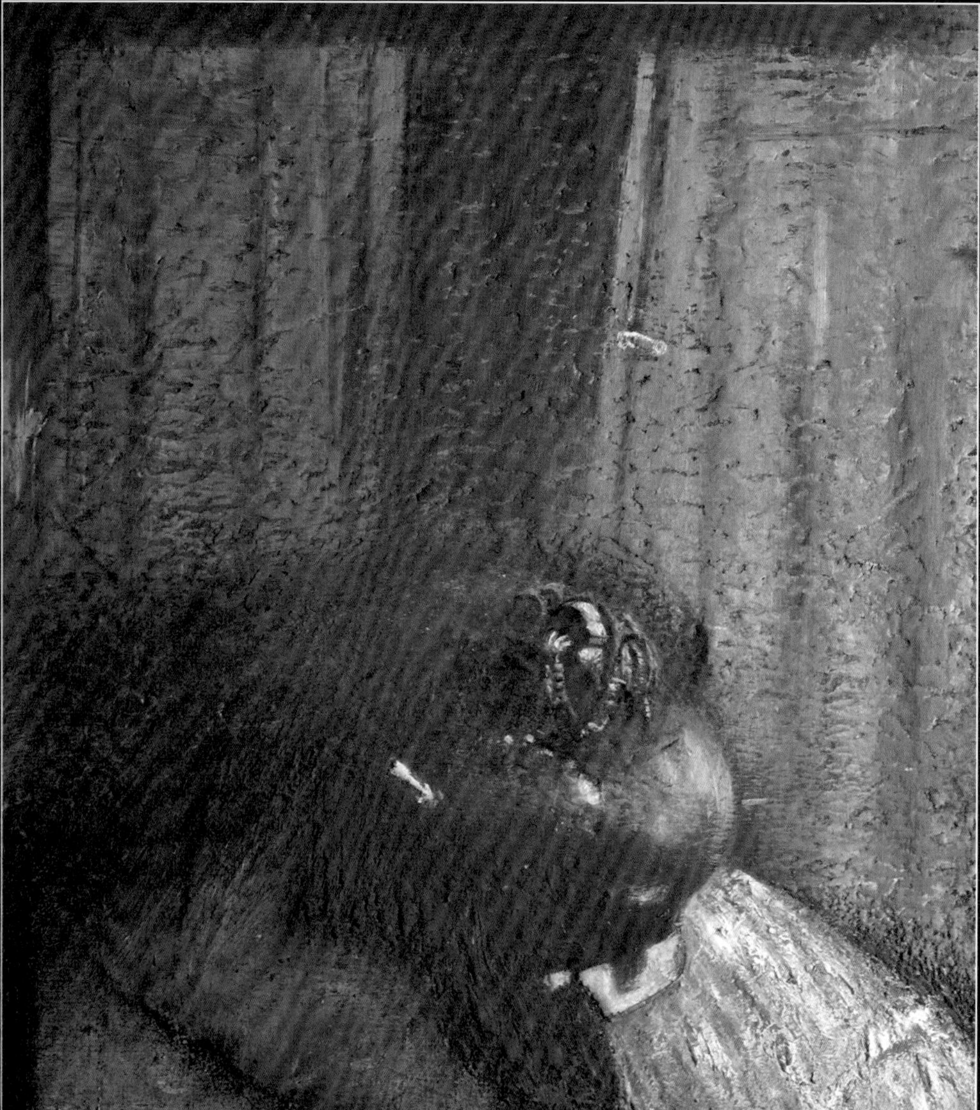

머리 II
Head II

프랜시스 베이컨, 1949

캔버스에 유채
80 × 65 cm(31½ × 24¾ in)
얼스터 박물관, 벨파스트

머리

베이컨은 1949년에 〈머리Heads〉라는 제목으로 6개의 연작을 전시했다. 이 그림에선 프랑스의 철학자인 질 들뢰즈Gilles Deleuze가 말한 사람과 짐승이 합쳐진 '식별하기 어려운 영역'이 존재했다. 우리는 머리를 바라보고 있지만 얼굴 부분은 형태를 알아볼 수가 없다. 그나마 알아볼 수 있는 것은 야만적인 입이다. 베이컨은 아마도 침팬지가 위협하거나 겁에 질렸을 때 이빨을 내보이며 입을 크게 벌리는 사진을 그대로 가져다 쓴 것 같다. 베이컨은 '동물적인 부분이 사람을 통해 표출되는 것'을 그리고 싶어 했다. 들뢰즈는 이를 사람을 짐승 수준으로 '하락'시키는 것이 아닌 그저 사람과 짐승을 식별하는 영역의 구분을 두지 않는 것이라고 표현했다.

〈머리 II〉는 베이컨이 캔버스의 거친 면을 처음으로 사용해서 완성한 작품이다. 그는 거친 면에 그림을 그릴 때 느껴지는 질질 끌리는 질감을 좋아했고, 이 후의 모든 작품들을 캔버스의 거친 면에 그렸다. 당시에 그는 '벨라스케스Velazquez풍의 하마의 피부 같은 질감을 가진 그림'을 그리고 싶었다고 말했다. 베이컨은 초현실주의적인 모방작과 우상파괴주의를 적당히 섞어 표현하는 것에(비평가 로렌스 고윙Lawrence Gowing의 말을 따르면) 대가가 되어가고 있었다. 그리고 이 작품에는 후에 베이컨의 트레이드마크가 된 잠정적으로 배치한 작고 하얀 화살표와 배경에 있는 수직 줄무늬의 커튼과 그 커튼을 고정하는 안전핀 등의 독특하고 미신적인 요소들이 있었다. 타협하지 않기로 유명한 비평가 윈덤 루이스Wyndham Lewis는 1949년에 열린 머리의 전시에 큰 감명을 받았다. 하지만 〈타임The Times〉지에서는 이 전시를 '우스갯소리도 안 나오는' 전시라 혹독히 비평했다.

전시에 대한 반응은 천차만별이었다. 베이컨은 천재성을 가지고 있었지만, 그림을 어떻게 그려야하는지는 아직 터득하지 못한 듯했다. 그의 실력을 예측할 수가 없었다. '[베이컨의] 1950대 중반까지의 그림은 부족한 기술로 인해 돋보이는 강렬함이 있었다.' 비평가 앤드류 브라이튼Andrew Brighton의 말이다. 베이컨은 '미술 교육을 받지 않은 사람이 사진을 이용해서 작업을 한다'라는 말을 듣지 않으려고 노력했다, 실제로 그렇게 작업을 하고 있었어도 말이다. 어떻게 했는지 몰라도 베이컨은 그렇게 보이지 않게 잘 처신했다. 더 나아가서 그의 걸림돌이 될 수 있었던 부분을 그만의 독창적인 느낌으로 살려냈다. 이 처신은 그가 천재 소리를 듣는데 한몫 했다.

교황들

베이컨은 벨라스케스의 1950년 작인 교황 이노켄티우스 10세Innocent X의 초상화를 복제품으로 접했고 매우 좋아했다. 그는 이 그림에 푹 빠졌었고, 자신의 '갖은 종류의 감정'을 자극한 '세상에서 손꼽을 만한 훌륭한 그림' 이라고 설명했다. 베이컨은 초상화를 그가 좋아하는 다른 이미지들과 융합했다. 그 중의 하나는 에이젠슈타인의 영화 〈전함 포템킨〉에서 나오는 소리 지르는 간호사의 얼굴이었다(13페이지 참조). 또 다른 하나는 니콜라 푸생Nicolas Poussin의 〈영아학살Massacre of the Innocents, 1629〉이었다. 그가 1927년에 프랑스 샹티Chantilly근처의 성에서 이 그림을 봤을 때, '인간의 절규가 제일 잘 표현된 그림'이라고 생각했다. 그리고 마지막으로 더한 이미지는 그가 파리에서 찾은 입의 질병에 관한 책이었다.

교황과 절규라는 주제는 합쳐질 수 없는 것이었다. 마치 유인원처럼 보이는 사람이 성스러운 교황의 예복을 몸에 걸치고 있는 이 그림은 그 당시의 지식인들에게 무례하기 짝이 없는 표현으로 받아들여졌다. 그림에서의 교황은 더 이상 불사의 몸이거나 비인간적이지 않다. 이는 왕비의 절규를 보는 것과 비슷하다. 교황은 의자에 앉아 팔걸이를 세게 붙잡고 녹아버린 듯한 검은 커튼사이에서 절규하고 있다. 그는 두려운 것일까? 비탄에 빠진 것일까? 거칠게 숨을 쉬는 것일까? 기울어지고 깨진 안경과 표정은 포템킨의 간호사에서 가져온 것이다.

'사람들은 절규를 공포스러운 이미지라고 생각하지', 베이컨이 실베스터에게 말했다. '실은, 난 절규를 공포보다 더 한 것으로 그리고 싶어.' 그는 '입 안에서 볼 수 있는 이빨의 번득임과 색깔'을 좋아했고, 마치 '모네가 석양을 그리는 느낌처럼 입을 칠하고 싶다' 고 말했다. 후일에, 베이컨은 자신이 그린 교황들이 바보같이 기록되지 않고 좋게 '왜곡되어 기록'되었다고 석연치 않아 했다. 베이컨은 로마에 방문했을 때, 벨라스케스의 작품을 보러가지 않았다. 그가 말하길 '자신이 한 바보 짓'의 현실을 직면하기 싫었다고 했다.

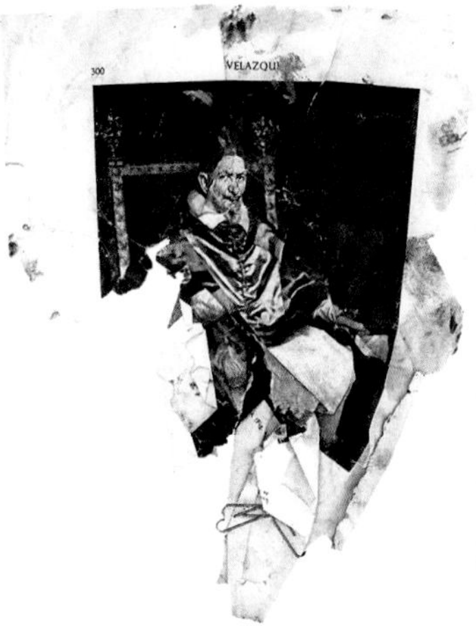

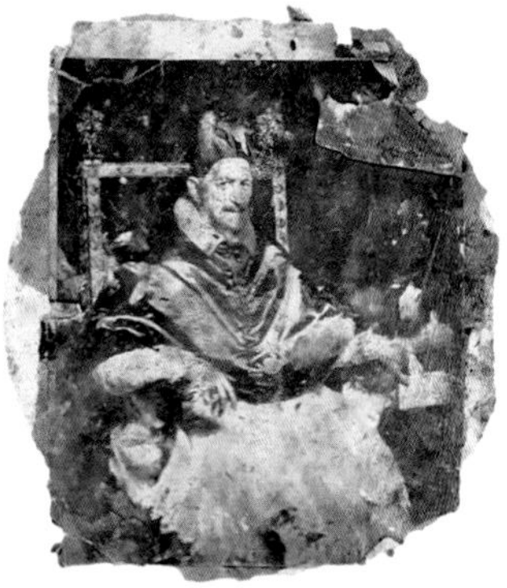

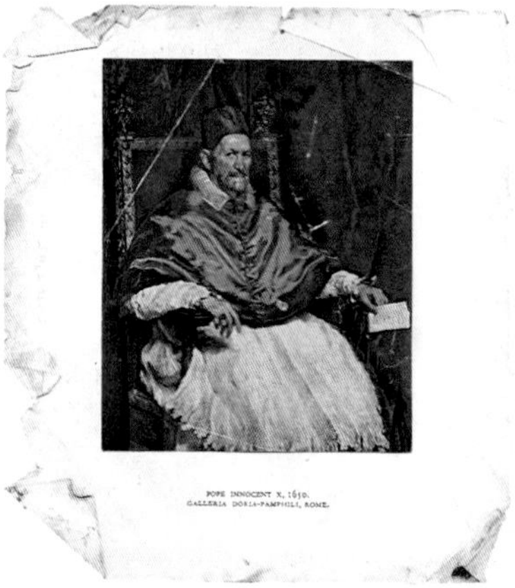

디에고 벨라스케스의 교황 이노켄티우스 10세의 복제품. 1650.
Reproductions of Diego Velazquez's Pope Innocent X

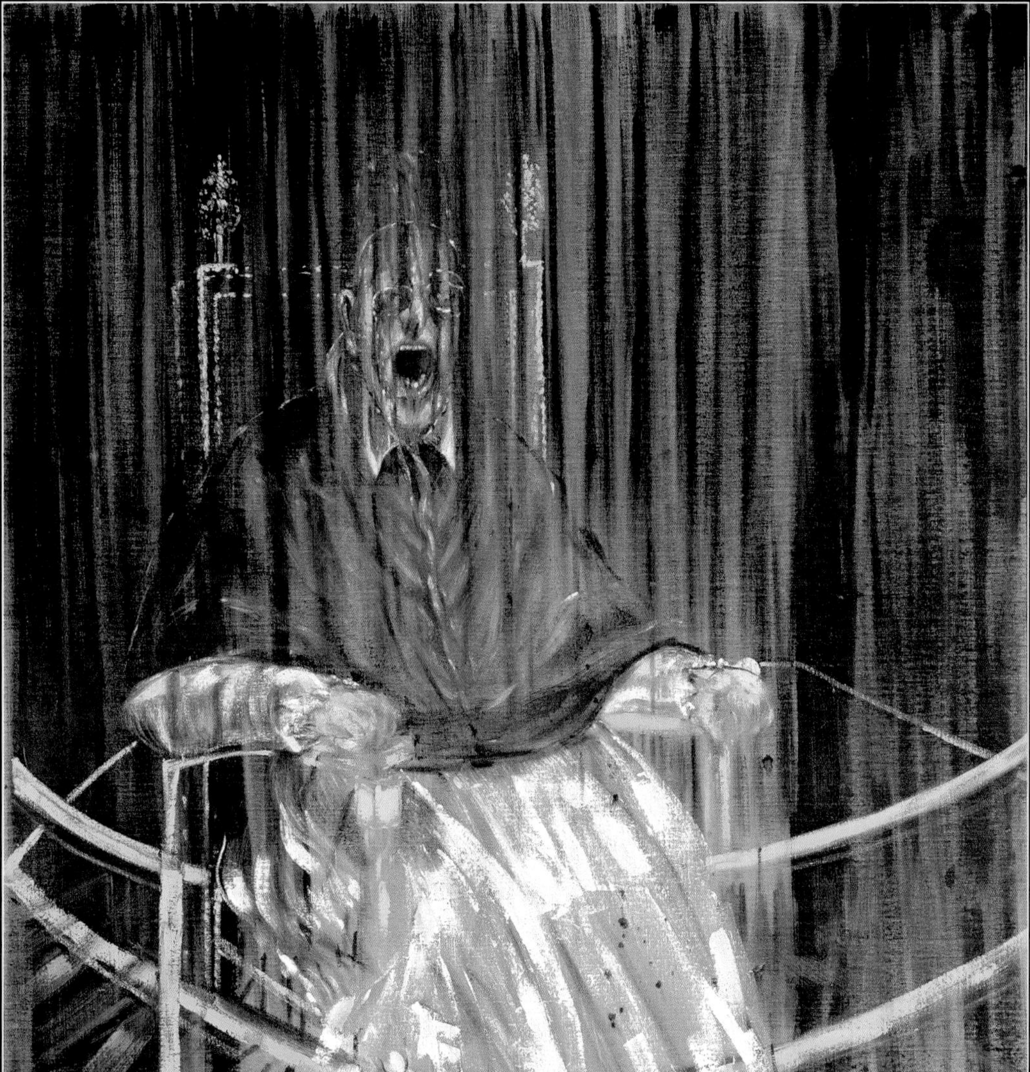

벨라스케스의 교황 이노켄티우스 10세의 초상을 본 후 습작
Study After Velazquez's Portrait of Pope Innocent X

프랜시스 베이컨, 1953

캔버스에 유채
153 × 118 cm(60¼ × 46½ in)
디 모인 아트센터, 나단 에모리 코핀 컬렉션

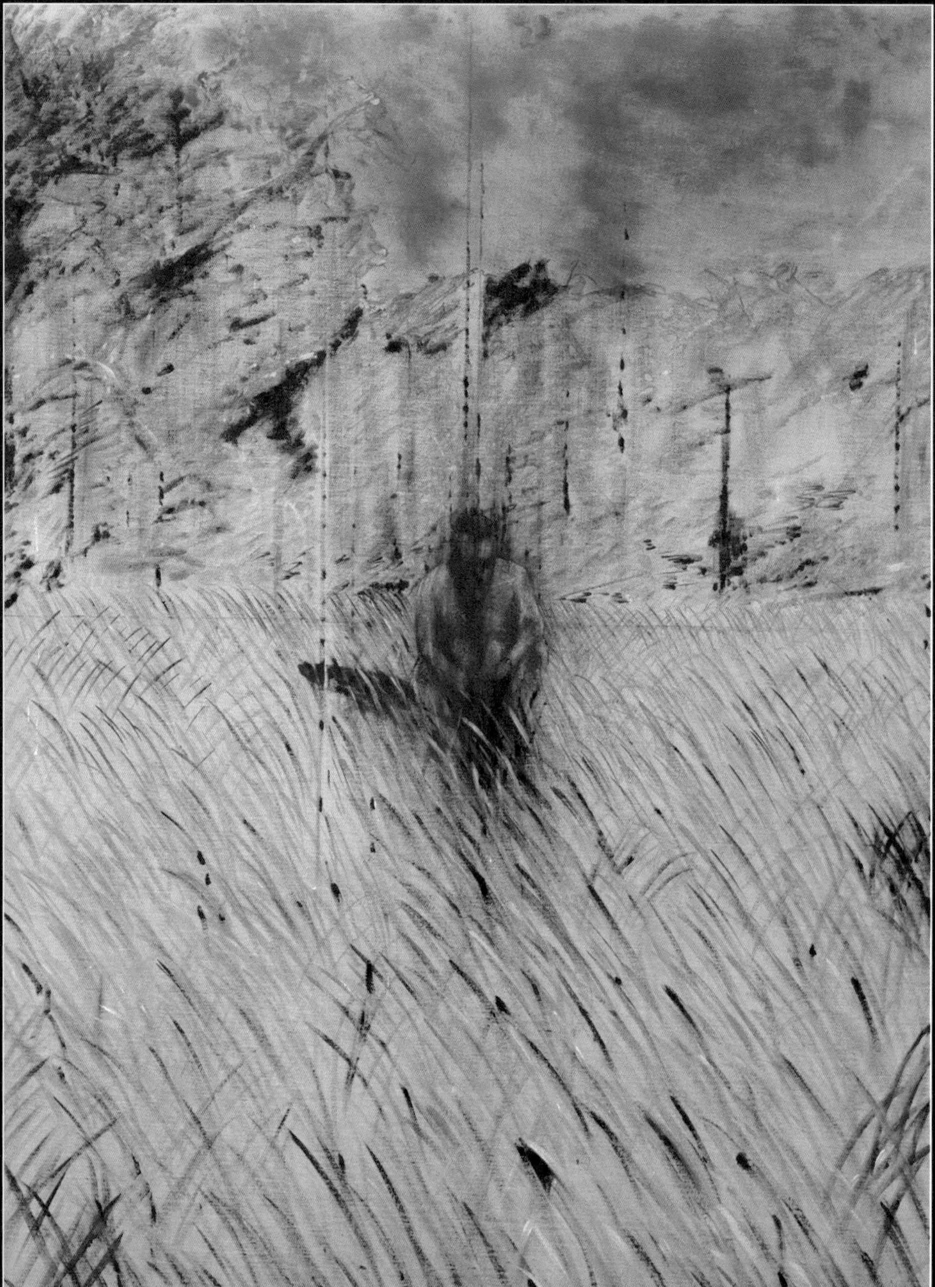

풍경 속 인물의 습작
Study of Figure in a Landscape

프랜시스 베이컨, 1952

캔버스에 유채
198.12 × 137.16 cm(78 × 54 in)
필립스 컬렉션이 1955년에 취득함, 워싱턴, D.C.

피터 레이시

1952년, 베이컨은 과거 브리튼 전투의 조종사였던 피터 레이시Peter Lacy와 파격적이고 불타는 사랑에 빠졌다. 레이시는 가학적인 성향을 가지고 있었고 알코올중독자였다. 베이컨은 고통을 동반한 성행위를 좋아했는데, 후에 말하길 레이시가 궁합이 제일 잘 맞았던 연인이라 했다. 베이컨의 전기를 쓴 작가인 앤드류 싱클레어Andrew Sinclair는 레이시를 '망가진 품위', 그리고 '허울 좋은' 사람이라고 묘사했는데, 베이컨은 그의 그런 부분을 좋아했다고 한다. 레이시는 사람들 앞에선 예의바르고 쑥스러움이 많은 신사처럼 보였지만, 그런 고상한 품위는 겉모습뿐이었다. 레이시는 베이컨을 버크셔Berkshire의 허스트Hurst에 있는 그의 별장에서 같이 살자고 초대했다. 레이시는 함께 별장에 가면 베이컨이 짚에서 잠을 자고, 똥을 싸고, 벽에 사슬 목걸이도 걸 수 있다고 말해줬다. 베이컨은 그의 제의를 거절했지만 50년대 초반에는 그 별장에서 많은 시간을 보냈다.

레이시는 베이컨의 그림을 싫어했고 종종 베이컨과 말다툼을 할 때면 그의 그림을 망가트렸다. 〈풍경 속 인물의 습작Study of Figure in a Landscape〉은 이 소동 속에서 무사히 살아남은 작품이다. 이 그림은 레이시가 풀숲에서 벌거벗은 채 웅크리고 앉아있는 모습을 그린 것이다. 하지만 그림의 주제는 자연으로 돌아가는 인간 같은 것이 아니다. 어차피 벌거벗고 앉아있는 사람과 야생의 풀밭의 조화는 그런 주제와 어울리지도 않는다. 한 남자가 누군가를 기다리고 있는 건지, 숨어 있는 건지, 사냥꾼인지 사냥감인지 확실치 않다. 뚜렷한 풀의 묘사와 비교했을 때 흐린 인물의 표현은 숨어있는 맹수를 사냥하는 장면을 떠오르게 한다. 펼쳐진 풍경은 마치 쌍안경이나 총의 파인더 너머로 생명체를 찾고 있는 듯한 느낌을 준다. 그림 속에서 화가를 바라보는 인물도, 그 인물을 바라보는 화가에게서도 흐릿한 욕정이 전달되어 참으로 저속한 장면이 아닐 수 없다.

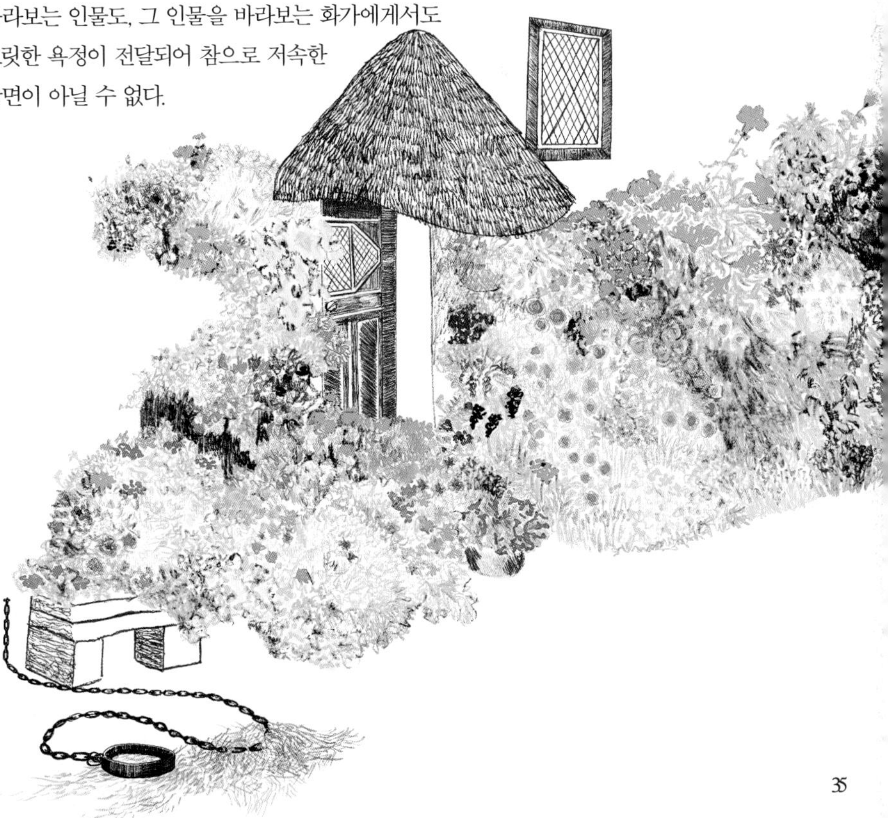

파란 옷을 입은 남자

영국의 동성애자들은 1957년에 세상에 나온 울펜덴 보고서Wolfenden Report로 인해 철저히 조사됐다. 울펜덴 보고서는 성인이 합의하에 이뤄진 동성애 행위는 처벌대상에서 제외해야 한다고 권고하는 내용이었다. 1967년이 되서야 동성애는 합법이 되었다. 베이컨은 합법이 되기 전이 더 좋았다고 한다. 그는 그의 성정체성이 변태적이고, 법의 잠재적인 처벌대상인 것을 선호했다. 그는 어둠의 세계에서 행동할 수밖에 없는 범죄적인 분위기의 양상을 즐겼다. 동성애자가 공석에서 보이는 겉모습과 사적인 곳에서 보이는 모습의 이중성은 그를 자극해 베이컨의 그림에 많은 영향을 끼쳤다. 그는 넓은 의미로 모든 문화생활은 인간의 짐승적인 본능을 덮어주는 막의 역할을 한다고 말했다.

1954년, 베이컨은 파란 옷을 입은 남자라는 주제로 연작을 그리고 있었다. 그의 말에 의하면 그림 속의 남자는 그가 피터 레이시와 사귀고 있을 당시 머물렀던 헨리 테임의 임페리얼 호텔에서 만난 한 사업가라고 했다. 베이컨이 데이비드 실베스터에게 보낸 편지에는 그가 '호텔 침대에서의 꿈과 삶'이라는 주제로 작업을 하고 있다고 쓰여 있다.

이 작품은 무엇이 그려져 있고 그것들이 뿜어내는 분위기가 어떤지 설명하기가 참 어렵다. 그림은 데이빗 린치David lynch의 영화를 떠오르게 하고, 실제로 베이컨의 작품들은 그의 영화 제작에 영감을 줬다. 현재까지 남아있는 7개의 연작은 진한 파란색 배경에 양복을 입고 넥타이를 맨 남자가 테이블 또는 바 같은 곳에 기대어 앉아있는 모습을 베이컨 특유의 '테두리' 또는 '가두는' 기법으로 그려졌다. 최소한의 붓질로 그려진 그림 속의 남자는 베이컨이 종종 다른 그림에서 표현하는 분위기와는 다르다. 소리를 지르거나 주저앉은 사람의 모습이 아닌 이상한 긴장감과 독거적인 분위기를 풍기고 있다.

베이컨이 임페리얼 호텔에서 만난 그림 속의 남자는 베이컨이 좋아하는 말쑥한 외형을 가진 사람이었다. 그가 베이컨의 밀회 상대였을 거라는 많은 추측이 있지만, 진실은 아무도 모른다. 사실 그렇게 크게 신경 쓸 일도 아니다. 이 작품에선 그가 그림을 위해서 어떻게 주제를 이용했는지 볼 수 있다. 그림은 다수의 사실을 바탕으로(이는 린치도 마찬가지이다) 피부 밑의 해골과 양복을 입은 관능적인 남자 등 고전적으로 표현되었다. 그림의 주제는 애매하고 그림 속의 남자에 관한 진실도 정확히 알 수가 없다. 이는 베이컨만이 알고 있다. 하지만 한 가지 알 수 있는 건 베이컨의 다른 유명한 작품들과 마찬가지로 파란 옷을 입은 남자 또한 이유를 알 수 없이 감정을 동요시키게 하는 그림이라는 것이다.

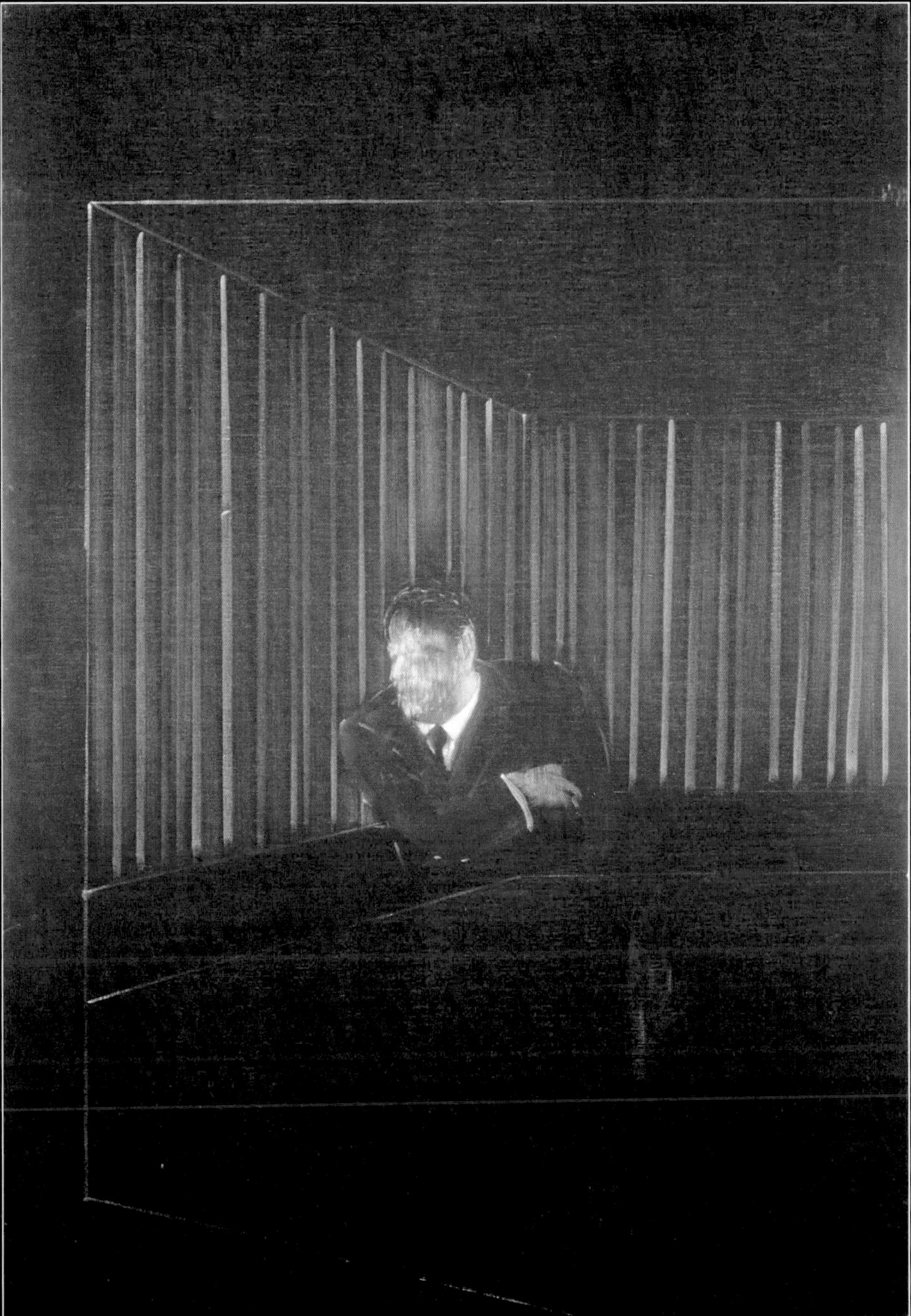

파란 옷을 입은 남자 I
Man in Blue I

프랜시스 베이컨, 1954

캔버스에 유채
198 × 137 cm(78 × 53⅞ in)
보에이만스 판 부닝언 미술관, 로테르담

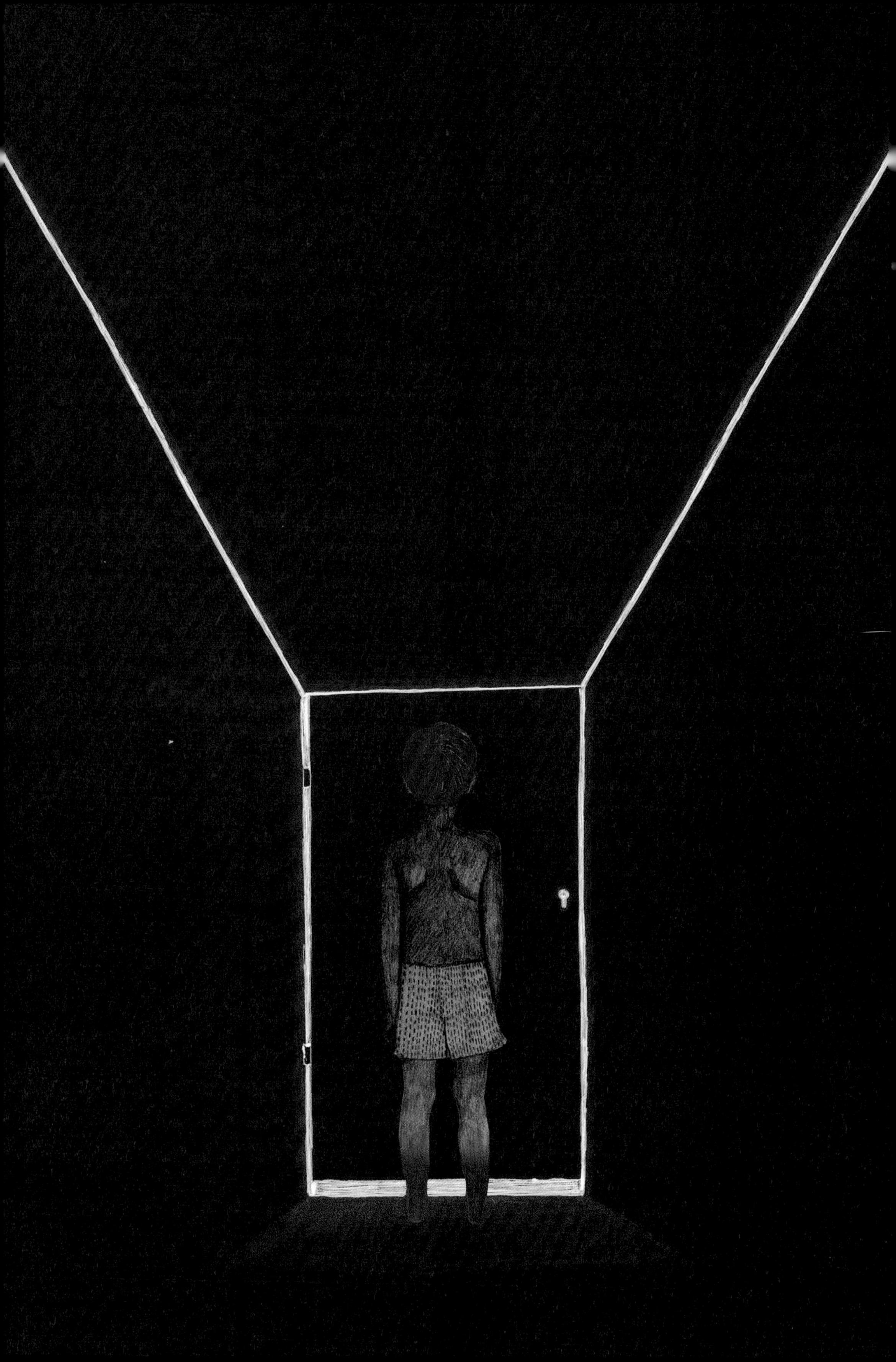

우리Cages

아마도 베이컨의 기법 중 가장 눈에 잘 띄는 것은 그림 속의 인물들을 얇은 선으로 그려진 투명한 '상자'같은 것에 가두는 것일 것이다. 이는 '공간 프레임' 으로 불리거나 또는 '우리'라고도 불린다. 베이컨은 이런 표현을 40년대 후반부터 그의 작가생활이 끝날 때까지 사용했다. 이 표현은 많은 비평가들의 머리를 갸우뚱거리게 했다. 그들은 나름대로 이에 대한 해석을 풀어냈다. 로날드 앨리Ronald Alley는 그려진 경계선이 그림 속 형체들의 '악몽과 같은 무력함'을 강조하는 것이며 그들을 '둘러싸고 있는 세상'에서 자신을 감추고 '사적인 소굴'을 만들려는 것 같다고 평했다. 다른 비평가들은 베이컨의 아버지가 베이컨이 어렸을 적 그를 종종 좁은 찬장에 쑤셔 넣었던 것이 베이컨에게 좁고 갇힌 공간에 대한 공포와 흥미를 줬고, 이 표현에 영향을 미쳤다고 생각했다 (실제로 베이컨은 좁은 공간에서 그림을 그리길 선호했다). 또는 베이컨이 숭배한 알베르토 자코메티 Alberto Giacometti의 초기작품에서 영향을 받았거나, 그가 집착하다시피 좋아했던 에드워드 머이브리지Eadweard Muybridge의 사진작업의 배경에 사용된 기준선에서 영향을 받았다고 추측했다.

베이컨은 그림의 도안에 엄격하고 형식적인 의미를 부여했다. 그는 캔버스의 크기를 조절할 때도 그만의 법칙이 있었다. 그가 말하길 이는 그림을 그릴 때 집중이 잘 되게 하고 완성됐을 때 그림이 잘 보이게 하기 위해서라고 했다. 물론 이는 그저 그림의 테두리의 역할을 할 뿐 그 무엇도 '의미'하면 안 되는 것이다. 베이컨은 자신의 그림이 사물에게 부여된 고정된 의미로 분석되는 것을 싫어했다. 예를 들어 그의 우상이었던 니체Nietzsche의 '사람 개개인의 하찮은 유리병'같은 글이 베이컨의 그림에 어떻게 영향을 줬는지는 쉽게 알 수 있었다.

베이컨의 '공간 프레임'은 예루살렘에서 행해진 나치의 아돌프 아이히만 재판 사진과 비교된다. 아이히만은 방탄유리로 된 상자 안에서 심문을 받았다. 그가 양복을 입고 넥타이를 맨 채 마이크를 향해 말을 하고 있는 사진은 베이컨의 〈초상의 습작Study of Portrait, 1949〉과 매우 흡사하다. 〈초상의 습작〉에서의 양복 입은 남자는 선명하게 그려진 '공간 프레임' 안에 앉아 소리를 지르고 있다. 하지만 아이히만의 재판은 베이컨의 그림이 그려진 지 12년 후인 1961년에 행해졌다. 이런 식으로 베이컨의 그림 중엔 예언적인 그림들이라고 생각되어지는 작품들이 꽤 있다. 다른 예로는 고든 번Gordon Burn이 작가였던 리얼리티 TV쇼 〈빅 브라더Big Brother〉가 있다. 이 TV쇼는 투명 공간에서의 폐쇄 공포증과 관음증적인 요소를 동시에 보여준 쇼로서 베이컨이 작품에서 이미 사용한 주제였다.

탕헤르

베이컨은 50년대 후반에 북아프리카의 도시인 탕헤르Tangier에서 지냈다. 탕헤르는 쾌락을 좇는 사람, 과세 망명자, 퇴폐적이고 비정상적인 사람들의 메카였다. 탕헤르는 1956년에 모로코로 소속되지만 그 전까지는 국제 지역으로서 금융이나 각종 법규의 제재를 요리조리 피할 수 있는 곳이었다. 그래서 도시는 밀수업자, 스파이, 도박꾼, 마약 중독자나 젊은 남자 혹은 어린 남자아이와 성관계를 가지려는 사람들에게는 최적의 장소였다. 이곳에서 성 산업은 꽃을 피웠고 다른 곳에 비해 공공연히 거래되었다. 또한 빛과 자유를 사랑하는 예술가들과 작가들의 행선지이기도 했다. 그렇게 탕헤르로 떠난 작가에는 테네시 윌리엄스Tennessee Williams, 이언 플레밍Ian Fleming, 폴 볼스Paul Bowles, 윌리엄 버로스William Burroughs(이 도시에서 〈벌거벗은 점심Naked Lunch〉을 집필했다), 잭 케루악Jack Kerouac 그리고 운율 시인인 앨런 긴즈버그Allen Ginsberg가 있다.

1956년, 피터 레이시가 탕헤르의 한 술집에서 피아노 연주자로 괜찮은 자리를 제안 받아 탕헤르로 이주했다. 하지만 그의 수입은 그 술집에서 마신 술값으로 사라졌다. 베이컨은 그때까지도 레이시와 연인관계였고, 이 마을이 주는 쾌락을 즐겼다. 베이컨은 새로운 사람이 올 때마다 지식인들 사이에서 관심의 대상이 되었다. 긴즈버그Ginsberg가 잭 케루악에게 보낸 편지에는 베이컨이 영국 학생처럼 보이지만 호색가의 정신을 가지고 있다고 적혀있다.
'그는 스니커즈를 신고 딱 달라붙는 덩가리바지에 검은 실크 셔츠를 입었고, 항상 테니스를 치러가는 것 같아 보였다… 그리고 그는 잿빛 호텔방에 새까만 야회복을 입은 미친 건달을 그려댔다.'

베이컨이 탕헤르에서 지낼 동안 레이시와의 관계는 영국에서와 별 다를 바 없었다. 지속적인 레이시의 구타와 작품 파손은 레이시가 술독에 빠지고, 서로가 다른 밀회 상대들을 만남으로써 더욱 악화됐다. 탕헤르의 영국 총영사는 이른 아침에 두들겨 맞은 채 자주 길거리에 누워있는 베이컨을 걱정해서 더 많은 경찰을 배치시키라고 했다. 하지만 몇 주 뒤 경찰 서장은 자신들이 할 수 있는 게 아무것도 없다고 판단하고, 총영사에게 이렇게 보고했다.
'베이컨 씨는 그걸(맞는 걸) 좋아해요.'

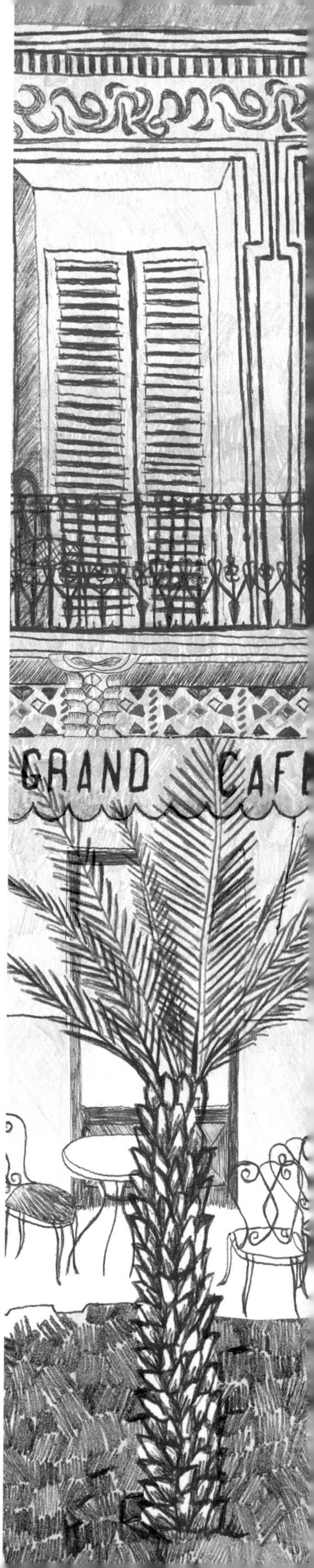

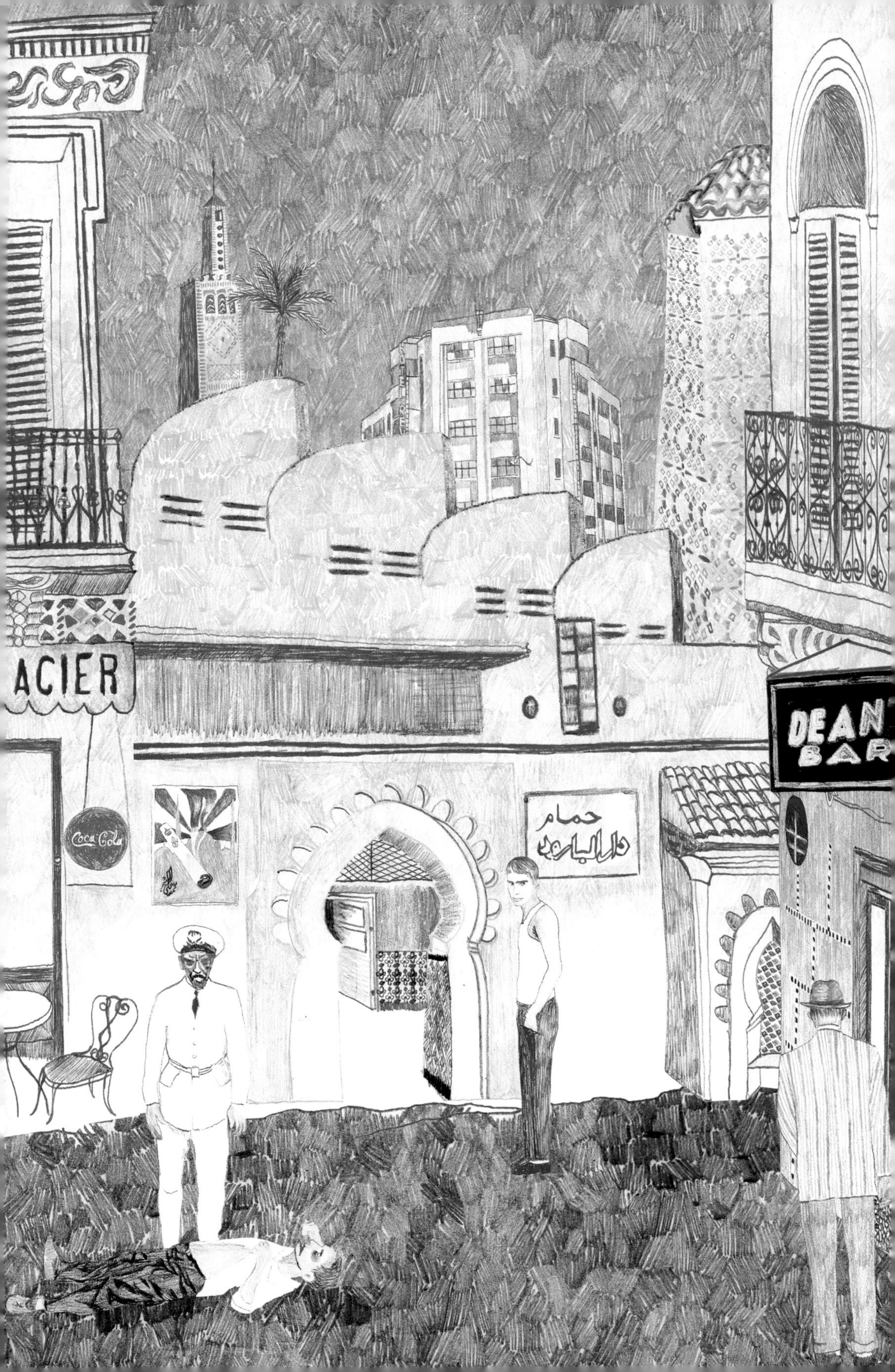
ACIER
Coca-Cola
حمام
DEAN
BAR

반 고흐

베이컨은 탕헤르에서 오직 한 작품, 〈교황과 부엉이들Pope with Owls, 1958〉을 만들고 돌아왔다. 북아프리카에서 느꼈던 빛과 풍경이 작품에 자연스럽게 녹아나오기 시작했다. 예를 들어 1957년 하노버 갤러리Hanover Gallery에서 진행된 그의 단독 전시에서는 그의 폭발적인 색감을 표현한 작품들이 걸렸다. 이는 반 고흐에 대한 경의를 표하며 그린 그림들이었다. 베이컨은 반 고흐의 그림과 글들을 오랫동안 사랑했다. 그는 반 고흐가 남동생에게 보낸 편지와 앙토냉 아르토Antonin Artaud가 집필한 반 고흐의 수필을 읽고, 또 읽었다. 베이컨의 작품에서 반 고흐의 흔적이 드러나는 이유는 말할 필요도 없었다. 고난을 겪는 작가의 상은–반 고흐는 고난의 아이콘이었다–전쟁 후에 더 인기를 끌었고 1956년에 나온 영화 〈열정의 랩소디Lust for Life〉에서 커크 더글라스Kirk Douglas가 반 고흐를 연기하기도 했다.

반 고흐의 그림 〈타라스콘으로 가는 길의 화가The Painter on the Road to Tarascon〉는 세계 2차 대전 때 훼손됐지만, 베이컨은 복제품으로 그 그림을 접했다. 실제로 원본이 존재하진 않지만, 실제의 그림자로 복제품이 생긴 환영의 그림이었다. 그 그림은 반 고흐의 자화상으로 그림 안에는 그가 밖에서 그림을 그릴 때 필요한 도구를 둘러메고 길을 따라 걷는 모습이 그려져 있다. 그의 그림자는 괴상하고 두드러지게 그려져 마치 그림자에도 생명이 있는 듯한 느낌을 준다. 베이컨에게 그림 속의 인물은 '고인이 된 반 고흐의 환영' 이었고, 원본이 남아 있지 않은 이 작품은 영적인 것이었다.

베이컨이 반 고흐를 따라 그린 그림은 그가 이제까지 그렸던 것과, 그리고 그 뒤로 그리는 방식과는 달리 매우 밝은 원색으로 두텁게 칠해졌다. 베이컨은 그 이유로 '어차피 아무것도 제대로 된 게 없었으니까' 라고 말했다. 이 작품은 매우 급하게 그려졌고 물감이 다 마르기도 전에 갤러리로 옮겨졌다. 이는 베이컨의 그림과 그의 사생활에 어떤 고비가 있었음을 보여주는 작품이었다. 옛 사고방식을 선호했던 비평가 로렌스 알로웨이Lawrence Alloway는 이 연작을 보고 '집시의 바이올린이 폭발'하는 것 같다고 묘사했다. 하지만 다른 몇몇은 베이컨이 가장 창의적이고, 가장 겁이 없는 작업을 했다고 평했다. 비평가 제리 살츠Jerry Saltz는 이 시기가 베이컨이 마지막으로 도전적인 작업을 한 때였다고 생각했다.

일하러 가는 화가
The Painter on His way to Work

빈센트 반 고흐, 1888

캔버스에 유채,
48 × 44 cm(19 × 17¼ in)

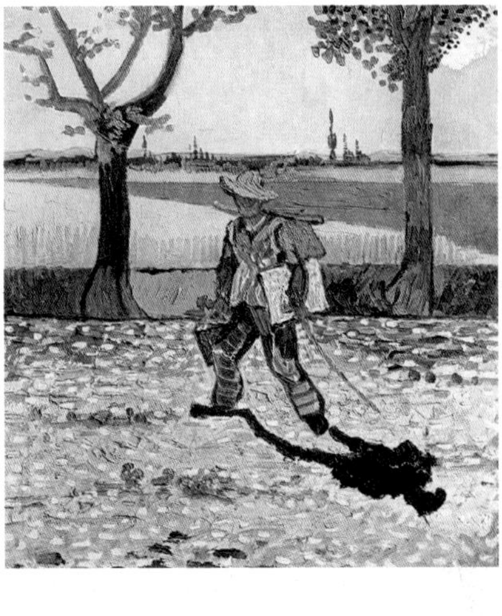

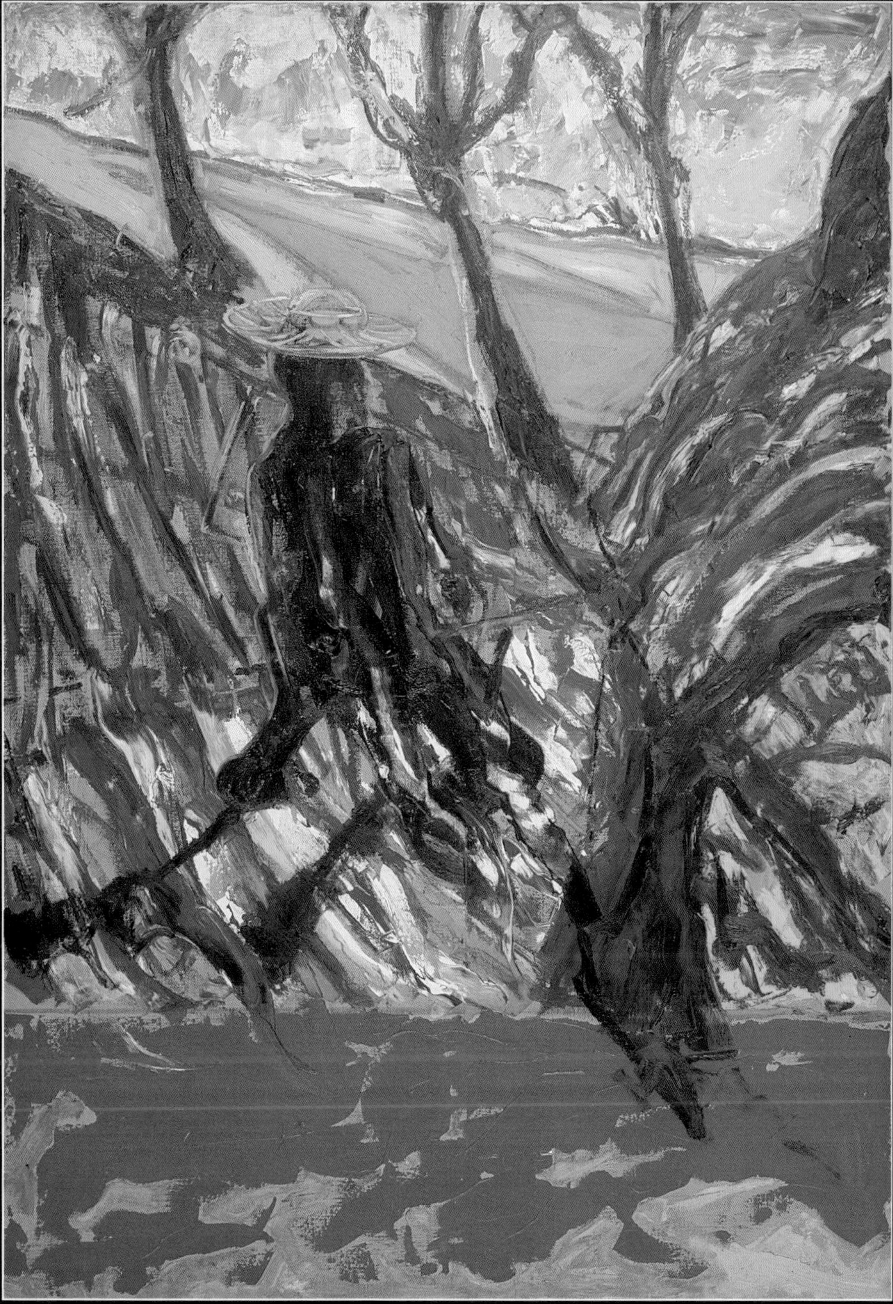

반 고흐의 초상의 습작 VI

Study for a Portrait of Van Gogh VI

프랜시스 베이컨, 1957

캔버스에 유채
198.1 × 142.2 cm(78 × 56 in)
영국문화예술위원회, 런던

리스 뮤스

1961년의 가을, 베이컨은 사우스켄싱턴의 리스 뮤스Reece Mews 7번가로 거처를 옮겼다. 그는 이곳에서 그의 생애 마지막 날까지 작업을 하며 생활했다. 그곳의 집은 비좁았고 밋밋했지만, 그는 이곳이라면 작업을 할 수 있겠다고 생각했다. 선박의 계단처럼 가파른 계단은 침실, 작업실, 그리고 부엌과 화장실이 같이 있는 세 개의 방으로 이어졌다. '사람들은 내가 호화롭게 살았다고 생각하지만, 난 쓰레기더미에서 살았다' 고 베이컨은 말했다. 사무엘 베케트Samuel Beckett는 그나마 얼마 없던 생활품인 침대 위의 매트리스, 덮여지지 않은 백열전구, 천장에서 내려오는 전기 코드가 베이컨의 그림에서 자주 등장하며 마치 연극의 소품 같은 역할을 했다고 말했다.

하지만 뜻밖의 놀라운 공간은 작업실이었다. 그곳은 아주 작았고 더럽기로 유명했다. 방 끝에는 그가 실내 디자인을 하던 시절에 쓰던 둥근 거울이 걸려있었는데, 그 거울은 시간의 흐름을 보여주듯 얼룩덜룩 반점이 생겨있었다. 다 쓴 페인트 통들과 낡은 걸레들이 공간이 있는 곳마다 여기저기 널브러져 있었고, 펼쳐진 책들이 쐐기꼴로 쌓여 있었다. 병과 통 안에는 쓰고 난 붓들이 가득 담겨 바닥을 나뒹굴었다. 모든 곳에 먼지가 있었고, 베이컨은 가끔 그림에 이 먼지들을 쓰기도 했다. 벽들과 방문은 물감을 섞는 팔레트 역할을 했고, 그 결과 뭉개진 색들이 좁은 작업실에 흥미롭고 알 수 없는 이상한 분위기를 더했다. 바닥은 항상 베이컨이 '퇴비'라 부르는 책, 카탈로그, 잡지나 책에서 찢어낸 사진과 그림의 복제품들로 인해 가려져 있었다. 베이컨에게 이는 깊은 자료의 바다였다. 그는 바닥 제일 위쪽에 올라와있는 사진을 쳐다보면서 그 당시에 진행하는 그림에 필요한 부분을 채워 넣기도 했다.

특이하게도 베이컨의 생활과 일은 누추함과 호화로움이 함께 했다. 더 정확히 말하자면, 호화롭게 낭비하는 것을 좋아했다. 예를 들어 빈티지 와인으로 육수를 만들고, 캔버스에 물감을 문대는데 캐시미어 스웨터를 사용했다. 그는 돈이 생길 때마다 더 크고 그가 한 번에 많은 작업을 할 수 있는 저택을 사놓고선, 항상 원래의 작은 집으로 돌아왔다. '나는 여기 카오스에서 편안함을 느끼고, 이 카오스는 나에게 영감을 준다'고 베이컨은 말했다.

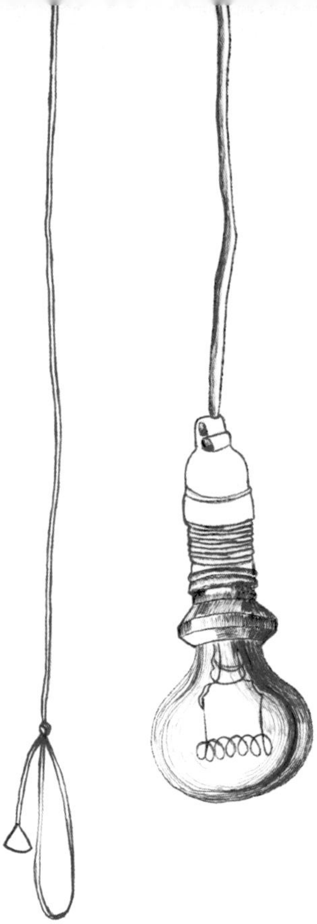

리스 뮤스 작업실의 베이컨
Portrait of Bacon in his Reece Mews Studio

이언 베리, 1967.

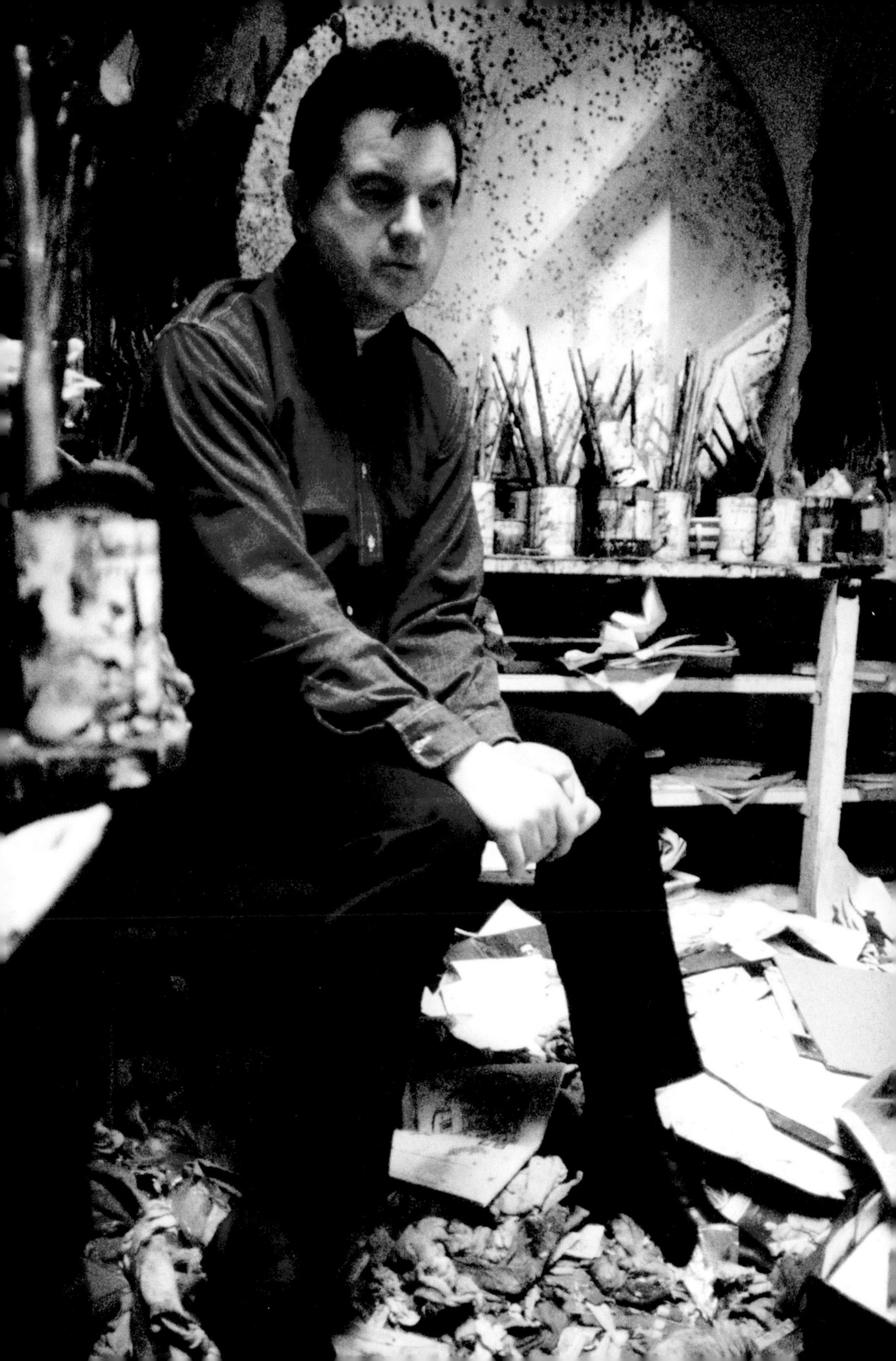

소호

베이컨의 주량과 지칠 줄 모르는 사교성은 전설적이었다. 일이 끝나면아마 점심때쯤 베이컨은 곧바로 맛있는 음식, 술, 카지노, 다채로운 대화와 섹스가 있는 소호로 향했다. 소호에서의 무절제한 행동들은 전쟁 후에 얼어붙었던 분위기를 누그러트렸다. 브리튼의 다른 지역과는 다르게 소호는 동성애자가 살기 좋은 곳이었다. 사회적 제약 아래 맺어지는 영국 사교계의 인맥 같은 것은 이곳에서는 쓸데없는 것이었다. 하지만 한 가지 위험했던 것은 시인 탐비뮤뚜Tambimuttu 가 '소호이티스Sohoitis' 라고 부르는 증상이었다. 소호를 떠나지 않고 아무 일도 하지 않는 증상인데, 베이컨의 많은 술친구들과 다르게, 그는 유혹에 넘어가지 않았다.

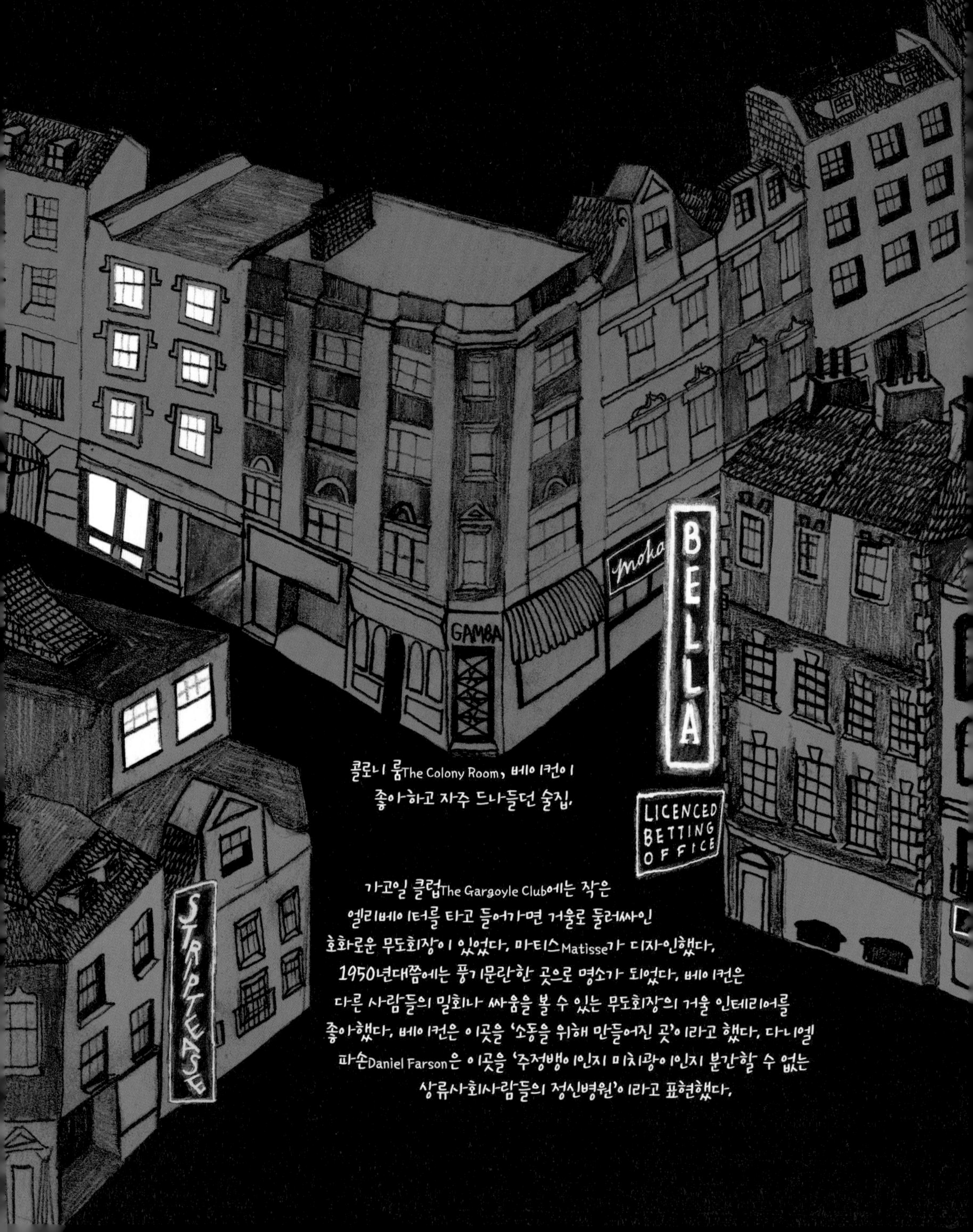

콜로니 룸The Colony Room, 베이컨이 좋아하고 자주 드나들던 술집.

가고일 클럽The Gargoyle Club에는 작은 엘리베이터를 타고 들어가면 거울로 둘러싸인 호화로운 무도회장이 있었다. 마티스Matisse가 디자인했다. 1950년대쯤에는 풍기문란한 곳으로 명소가 되었다. 베이컨은 다른 사람들의 밀회나 싸움을 볼 수 있는 무도회장의 거울 인테리어를 좋아했다. 베이컨은 이곳을 '소동을 위해 만들어진 곳'이라고 했다. 다니엘 파슨Daniel Farson은 이곳을 '주정뱅이인지 미치광이인지 분간할 수 없는 상류사회사람들의 정신병원'이라고 표현했다.

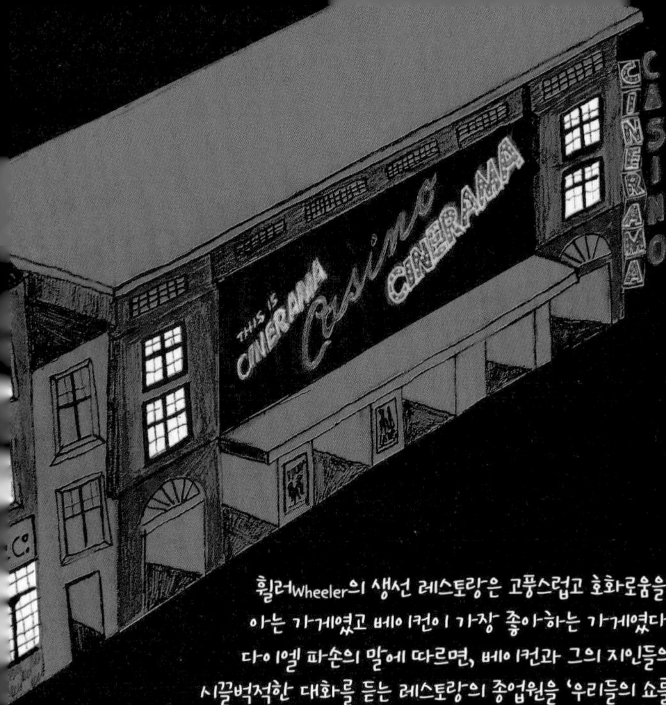

디 카브 드 프랑스The Caves De France
바는 '실패의 기운이 도사리는 곳'이었다.
단골손님으로는 자멸적인 화가였던 로버트
콜크혼Robert Colquhoun, 로버트 맥브라이드
Robert MacBryde, 그리고 자신을
'보헤미안의 마지막 후손'이라고 부르던
퇴폐적인 모델 니나 햄닛Nina Hamnett
이 있다.

휠러Wheeler의 생선 레스토랑은 고풍스럽고 호화로움을
아는 가게였고 베이컨이 가장 좋아하는 가게였다.
다이엘 파슨의 말에 따르면, 베이컨과 그의 지인들의
시끌벅적한 대화를 듣는 레스토랑의 종업원을 '우리들의 쇼를 보는
관람객이었다'라고 말했다. 베이컨은 그림을 주는 조건으로 외상을
지고 굴을 먹었다.

요크 민스터The York Minster'프랑스 하우스'라고
불렸다는 '소호 토지 소유자의 장로'이자 프랑스
사람인 개스통 벨레몬트Gaston Berlemont가
경영했다.

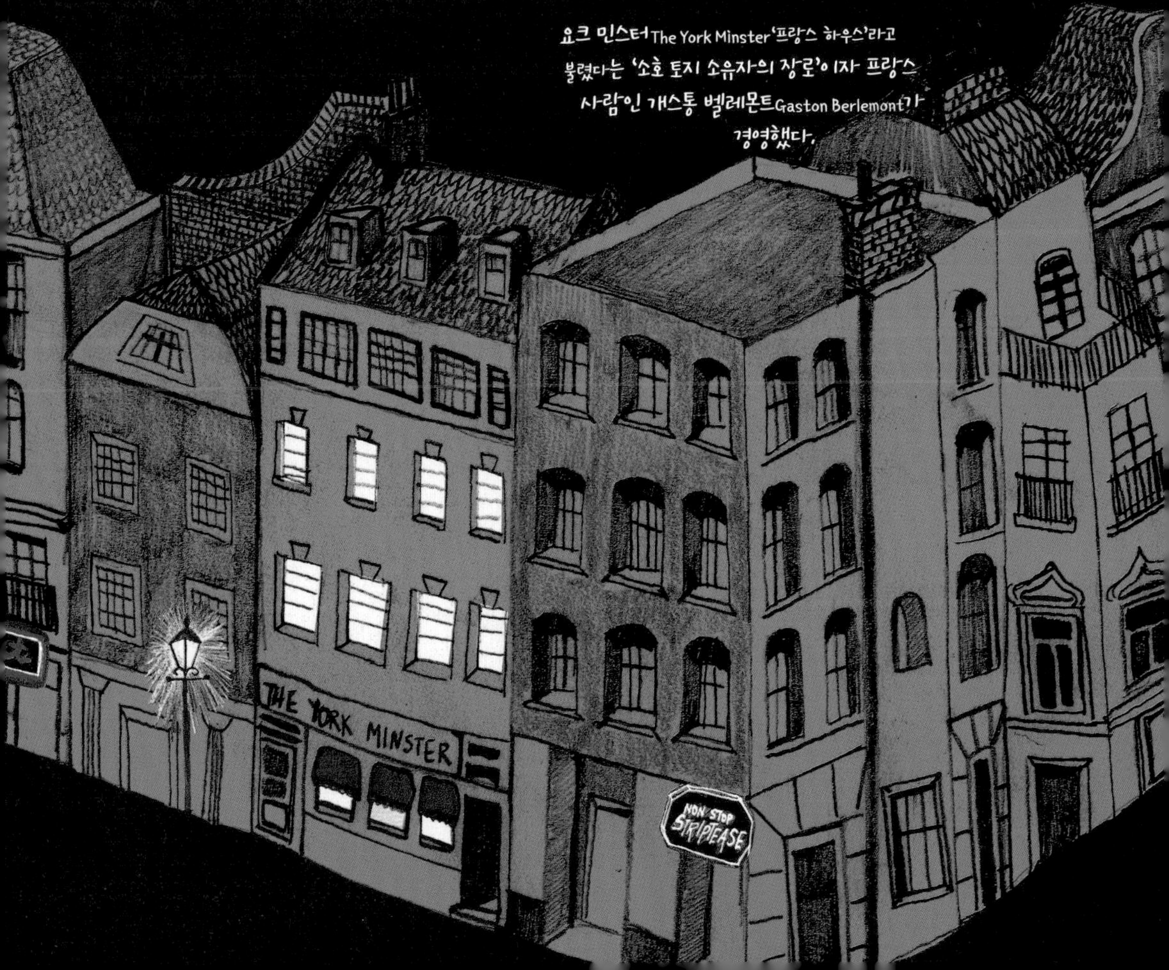

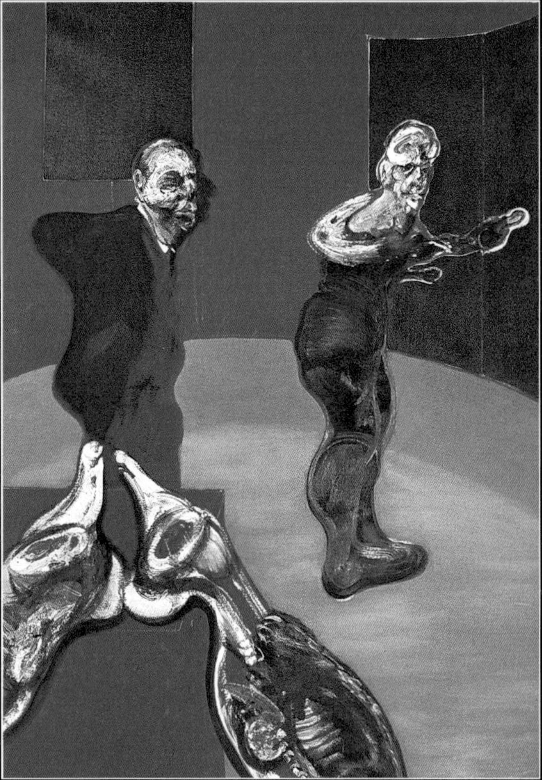

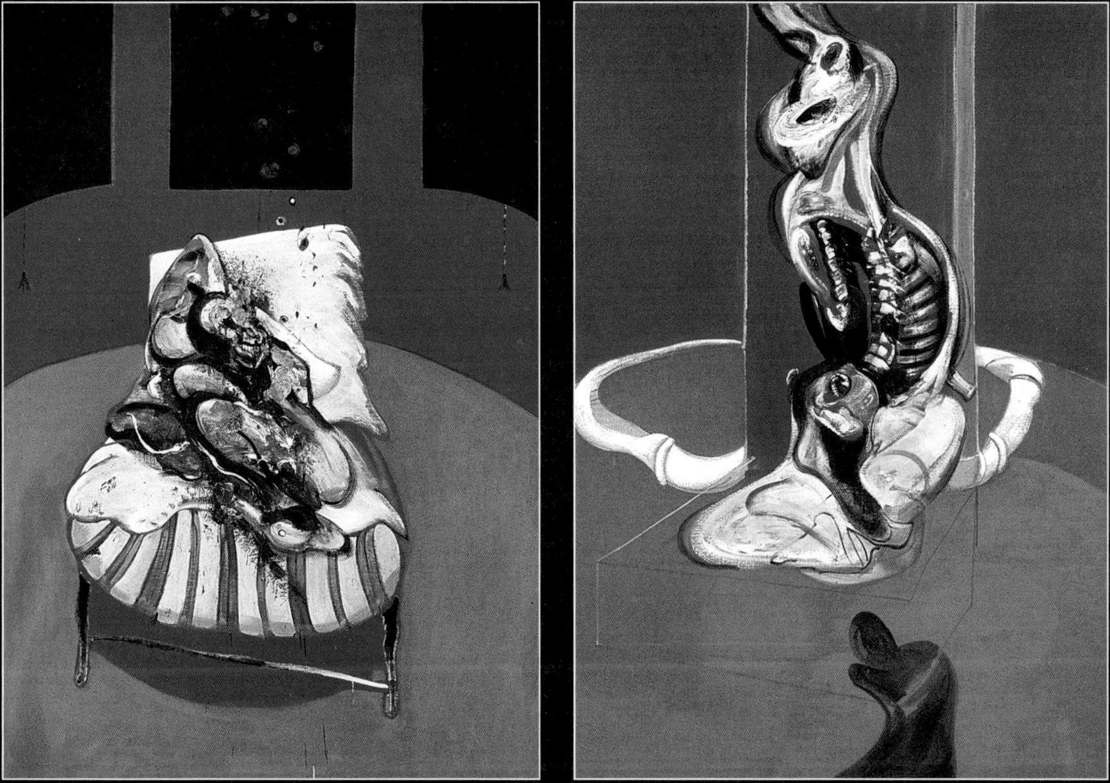

십자가 책형도 3부작

Three Studies for a Crucifixion

프랜시스 베이컨, 1962

캔버스에 유채
각 198.1 × 144.8 cm(78 × 57 in)
솔로몬 R. 구겐하임 미술관, 뉴욕, 미술관 번호 64.1700

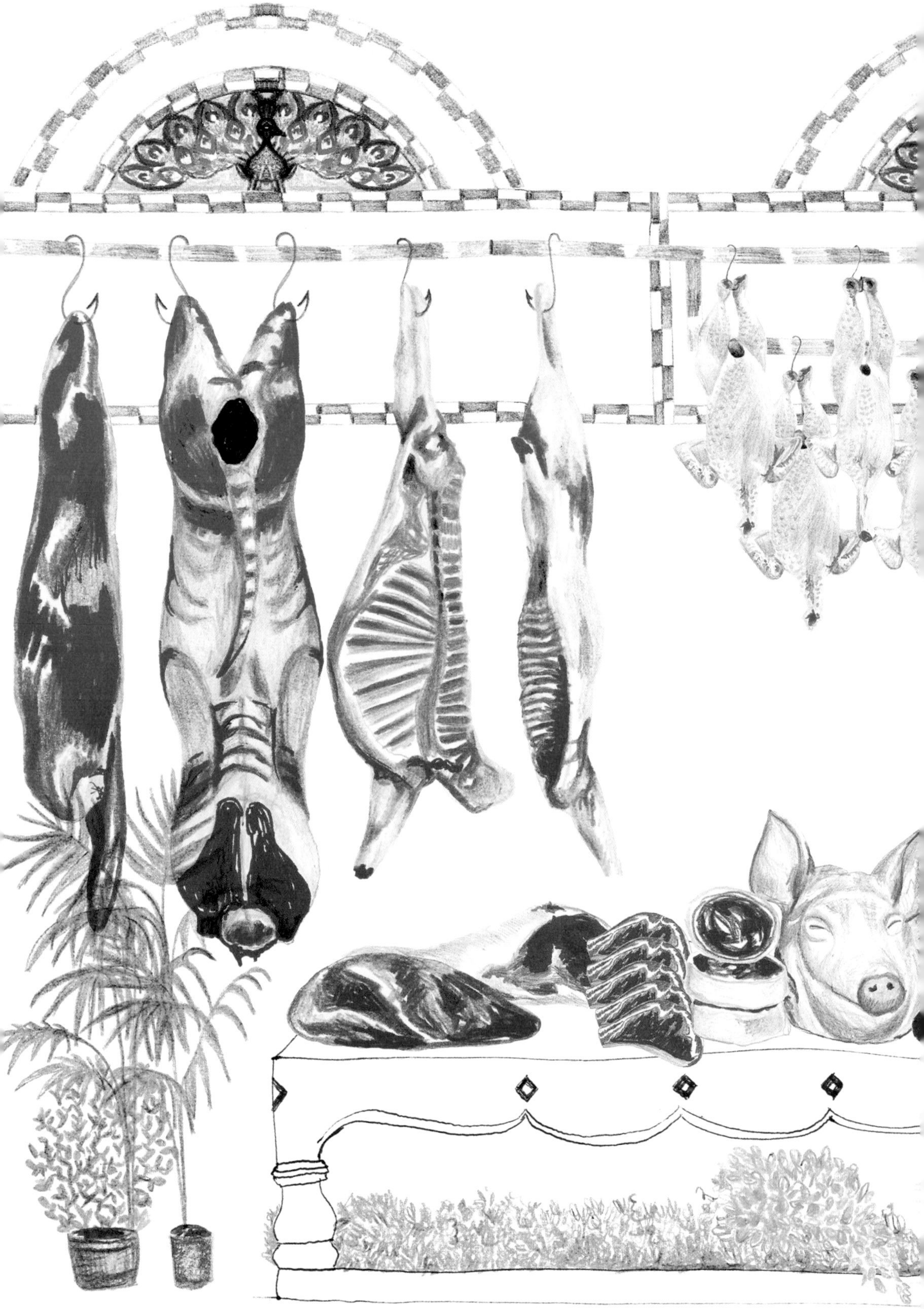

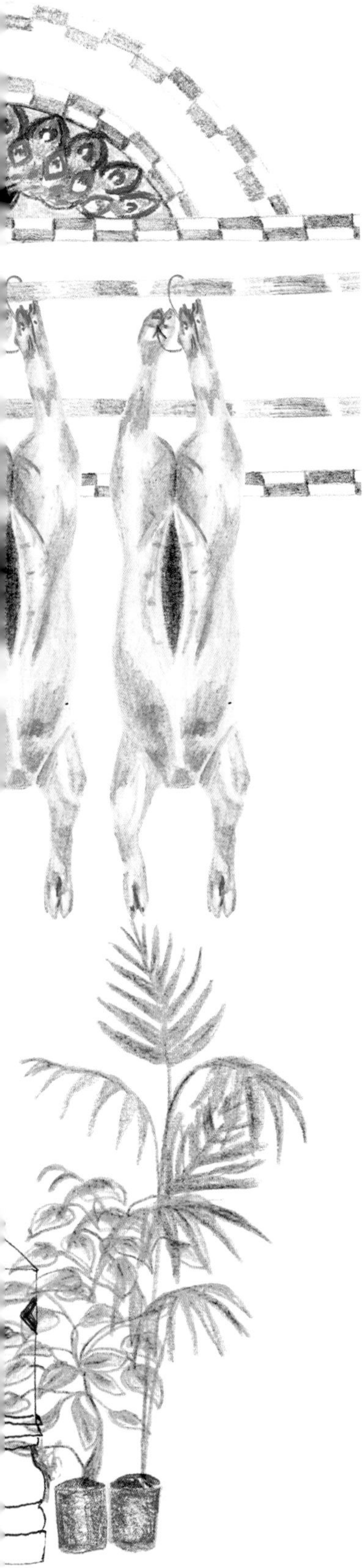

십자가형

1962년, 테이트 갤러리는 몇몇의 갤러리 수탁자들의 예약에도 불구하고 베이컨의 회고 전시회를 진행하기로 했다. 이는 꽤나 명예로운 일이었다. 베이컨은 전시를 위한 대형 작품들을 미친 듯이 그렸다. 그가 말하길 〈십자가 책형도 3부작Three Studies for a Crucifixion〉은 '엄청난 술과 숙취 속'에서 2주에 걸쳐 그려진 작품이라고 했다. 이는 그의 유명한 초기작품인 〈십자가 책형을 위한 세 개의 습작〉과 〈페인팅1946〉을 재해석한 작품이었다. 그는 이 연작을 별다른 희망 없이 그렸다고 말했지만, 결과적으로 꽤 흡족해했다. 술을 진탕 마시며 그린 작품에서는 베이컨의 몽롱한 술기운이 느껴진다. 베이컨은 이들이 정확히 무엇인지, 아니면 무엇을 의미하는지 설명하지 못했다.

비평가들도 마찬가지였다. 아마 중간의 그림은 기독교를 주제로 십자가에 못 박혔던 예수의 시신을 내리는 십자가 강하를 표현한 것일 거라 추측했다. 다만, 한명의 비평가만이 그의 미술 역사 지식을 바탕으로, 오른쪽의 그림의 인물이 거꾸로 매달려 고통 받은 성인인 피터일 것이라고 주장했다. 그럼 왼쪽 그림의 두 인물은 무엇을 하고 있는 것일까? 베이컨에게 묻자, 그는 히믈러와 히틀러가 가스실의 문을 열고 있는 장면이라고 대답했었지만, 후일에는 이를 부정했다. 그는 자신의 그림들이 묘사되고 설명되어지는 것을 싫어했다. 하지만 그는 데이비드 실베스터에겐 오른쪽 패널의 그림은 자신이 오랫동안 하고 싶었던 주제라고 귀띔해줬다. 이 그림은 13세기 화가인 치마부에Cimabue가 그린 십자가형에서 영감을 받았다고 했다. 치마부에의 십자가에 매달린 예수가 고통에 꿈틀거리는 모습을 보고 베이컨은 마치 지렁이가 십자가를 기어 내려오는 것 같다고 생각했다.

또한 이는 정육점에 매달린 고기의 옆모습과도 매우 닮았다. 베이컨은 십자가형의 이미지들과 그의 마음을 송두리째 흔들었던 도축장의 사진들을 참고했다(또한 조르주 바타유Georges Bataille가 쓴 도축장에 관한 에세이가 실린 초현실주의 잡지 〈다큐멘트Documents〉도 같이 참고했을 것이다).

어느 종교에도 속하지 않는 베이컨에게 왜 십자가형이란 주제를 선택했냐고 물었을 때, 그는 십자가형을 '그저 사람이 사람에게 행한 짓으로' 해석을 했다고 답했다. 역대 화가들의 그림주제로 사용된 '십자가형'은 베이컨의 의해 다르게 표현되었다. 그는 십자가의 '뾰족한' 못에 박힌 것이 사람이 아닌 '인간의 감정과 감각'이라고 느꼈다. 하지만 양쪽 패널의 형상들과 달리 가운데 패널의 형상을 다룬 방식은 옛 화가들의 종교화를 그릴 때 쓰던 관습을 따랐다.

에드워드 머이브리지

사진에 대한 베이컨의 지속된 강박의 절정은 빅토리아식 사진가 에드워드 머이브리지 Eadweard Muybridge의 작업과 함께였다. 머이브리지는 사진의 움직임을 개척한 사람이었다. 그의 유명한 사진 작업인 '달리는 말'은 이제까지 화가들이 달리는 말의 모습을 오랫동안 잘못 그려왔다는 것을 증명했다. 머이브리지는 베이컨처럼 사람을 하나의 동물로 바라보았다. 그의 1887년의 포트폴리오인 〈동물 이동: 전사사진을 이용해서 동물의 연속적인 움직임을 연구Animal Locomotion: an Eletro-Photographic Investigation of Consecutive Phases of Animal Movements〉은 사람이 걷거나, 펜싱 혹은 레슬링을 하는 모습과 동물원의 동물들이 서성이는 모습과 새가 날아가는 모습들도 담고 있다.

베이컨은 머이브리지의 그림을 시각적 자료로 사용했다. 제대로 된 미술수업을 받아 본 적이 없는 베이컨에게 머이브리지의 작업은 유용한 해부학적 구조의 자료가 되었다. 가끔 베이컨은 그의 안에 머이브리지와 미켈란젤로가 섞여있다고 주장했다. 머이브리지의 사진들은 베이컨에게 아이디어를 줬다. 베이컨은 머이브리지가 만든 인물들이 지루한 행동을 고독하게 무한반복을 하는 영상을 보면서 괴기함을 느꼈고, 이 괴기스러움을 자신의 작품에 적용했다. 영상의 몇몇 인물은 이후의 베이컨의 그림 속에 계속해서 등장한다. 그 예로 연인으로 보일 수도 있는 레슬링 선수들이나 소아마비로 장애가 있는 아이가 손과 발로 사족보행을 하는 모습 등이 있다.

머이브리지의 두 인물이 1965년에 베이컨의 그림 안에 그려졌다. 한 여성과 아이가 짐승처럼 벌거벗고 둥근 레일 위에 올라앉아 있고, 그들의 발은 마치 손처럼 레일을 단단히 붙잡고 있다. 그들은 마치 죄를 선고받은 듯 둥근 원을 끝없이, 뚜렷한 목적 없이 돌고 있다. 그들은 텅 빈 공간에 둘러싸여 레일 위에 걸쳐져 있으며 따로 갈 곳도 없다. 닫힌 원형 위에서 반복적으로 돌고 있는 머이브리지의 인물들은–필연적인 결과로–베이컨이 풍자했던 모순되고 무의미한 삶의 모습을 표현한 것 같다. 공허한 둥근 레일 위를 따라 정처 없이 걸을 뿐이다. 1960년대의 베이컨의 대표적인 작품들은 밝은 톤의 물감을 써서 그려졌는데, 이는 아마 그 당시에 유행하던 인공 섬유와 재료들에 영향을 받은 것으로 보인다.

소아마비에 걸린 아이가 손과 발로 걷는 모습
Infantile paralysis; child walking on hands and feet

머이브리지의 동물 이동 중 판539, 1887.
빅토리아 앤드 알버트 미술관, 런던

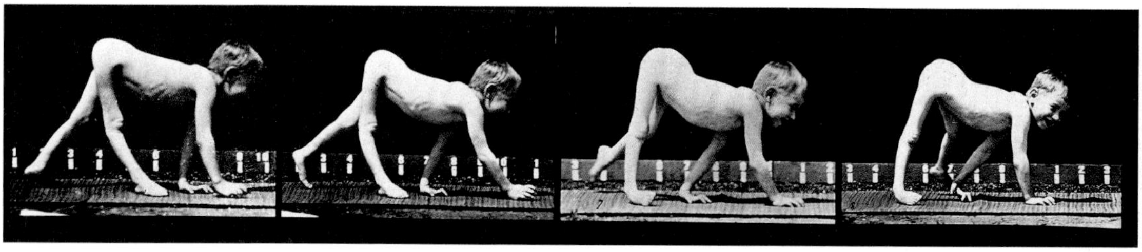

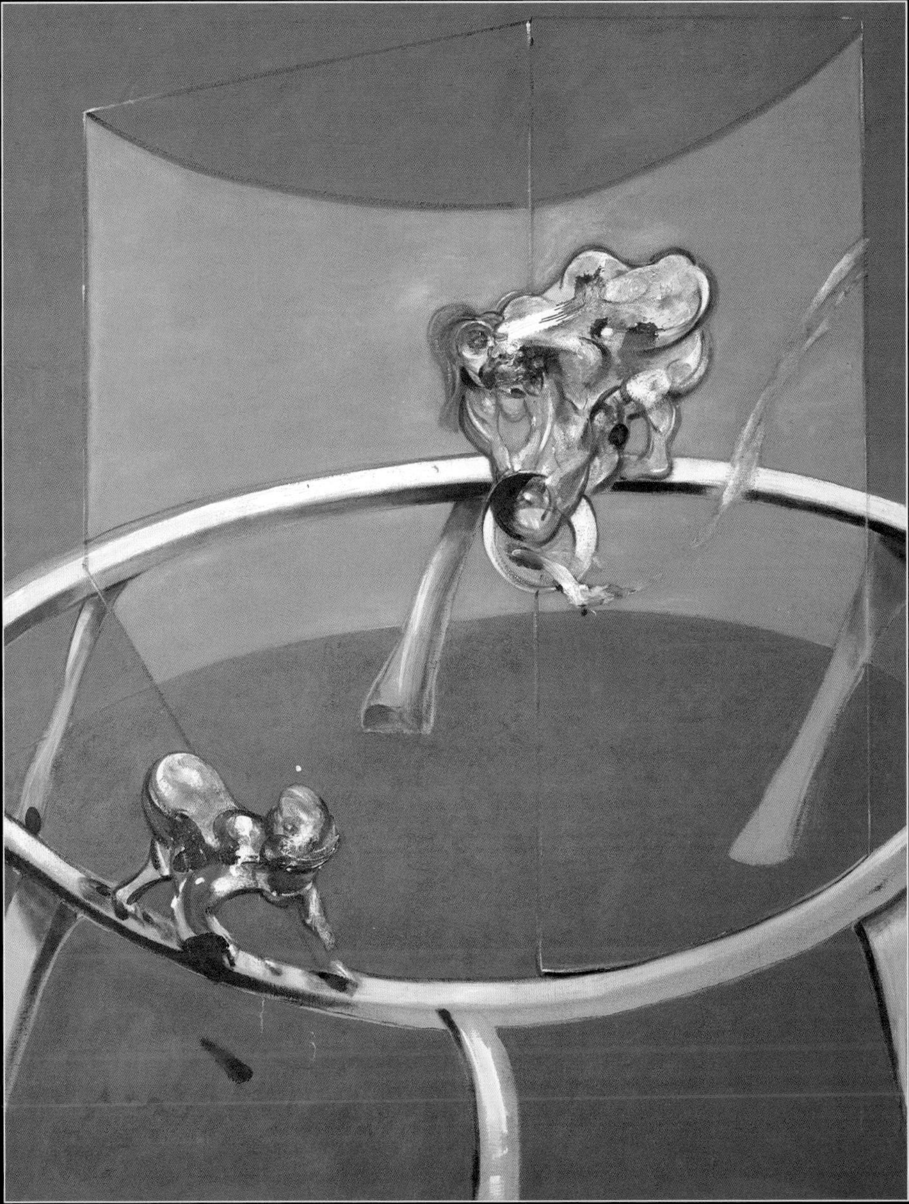

머이브리지의 〈인물의 움직임〉 중에서: 물을 마시는 여인/소아마비 아이의 사족보행
From Muybridge-The Human Figure in Motion: Woman Emptying a Bowl of water/Paralytic Child Walking on All Fours

프랜시스 베이컨, 1965

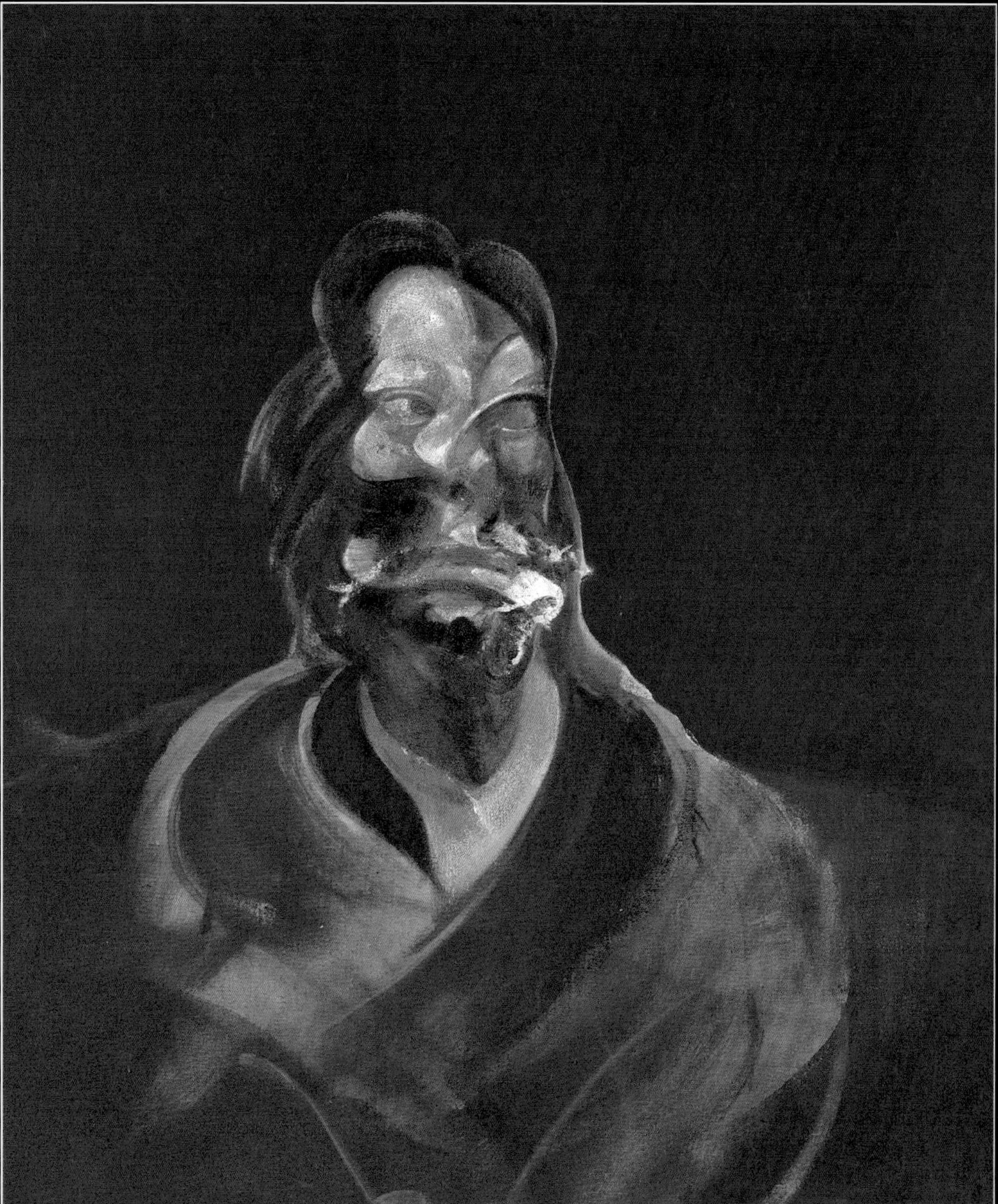

이사벨 로손의 초상

Portrait of Isabel Rawsthorne

프랜시스 베이컨, 1965

캔버스에 유채
81.3 × 68.6 cm(32 × 27 in) 액자 94.3 × 79.3 × 5.9 cm(37⅛ × 31¼ × 2⅜ in)
테이트 갤러리

초상화

1960대와 70년대에 베이컨은 초상화를 많이 그렸다. 초상화의 주인공들은 그가 잘 아는 사람들이었다. 대체로 루시안 프로이트Lucian Freud, 헨리에타 모라에스Henrietta Moraes, 이사벨 로손Isabel Rawsthorne, 뮤리엘 벨처Muriel Belcher 였다. 베이컨이 아주 잘 아는 사람들이었기에 초상화의 모델들은 굳이 그가 그림을 그릴 때 옆에 있지 않아도 됐었다. 그리고 베이컨도 기억 속의 모습과 사진을 보며 그리는 것을 선호했다.

베이컨에게 초상화를 그리는 것은 연속적인 우연의 결과물이었다. 의도치 않은 자극과 우연한 붓질로 인해 간직하고 싶게끔 만드는 초상이 완성되었다. 이는 절대 의도할 수가 없는 작업이었다. 베이컨이 말하길 '내 이상은 한 손 가득 물감을 집어서 캔버스에 던지면 초상화가 나오는 거야' 라고 했다. 어느 쪽이든 재생산의 문제였다. 실수로라도 사람의 외관을 똑같이, 마치 사진처럼 그리는 것이다. 베이컨의 초상화는 모델의 외관을 뒤틀리게 그리는 것으로 유명했는데, 그림 속의 인물이 누구인지 또는 하나의 생명체인지 알아보기 힘들 정도였다. 그의 목표는 뒤틀려진 형태와 무분별한 붓질로 누구인지 분간하지 힘들지만, 그림에서 느껴지는 분위기만으로 초상의 주인을 알 수 있게 하는 것이었다. 초상을 바라보고 나면 그림이 떠오르는 것이 아니라, 어떤 감정이 지성을 통과해서 바로 신경기관을 자극하는 효과를 내고 싶어 했다.

베이컨에게 왜 모델을 옆에서 보면서 그리지 않느냐고 묻자, 그는 그가 초상화를 그릴 때 혹시라도 가해질 폭력으로부터 그림을 보호하기 위해서라고-아마 솔직하지 못하게-말했다. 그는 지금까지 자신의 그림, 의뢰 등으로 다른 초상화 화가들 못지않게 충분히 나쁜 경험을 겪었다.
그는 1960년에 사회적 사진가 세실 비튼Cecil Beaton의 초상화를 그려준 적이 있었는데, 스스로는 그 결과에 꽤 만족해했다. 하지만 비튼은 공포에 질렸다. '얼굴은 얼굴이라고 알아보기 힘들 정도였다.' 비튼이 집필한 글이다. '마치 상피병-살이나 피부조직이 크게 부풀어 오르는 병-으로 고통스러워하는 것 같아 도저히 눈 뜨고 볼 수가 없었다.' 베이컨은 모델이 곤란해 하는 것을 (또한 화가 난 것을) 눈치 챈 후, 그 자리에서 돈을 요구하지 않고 초상화를 찢어버렸다.

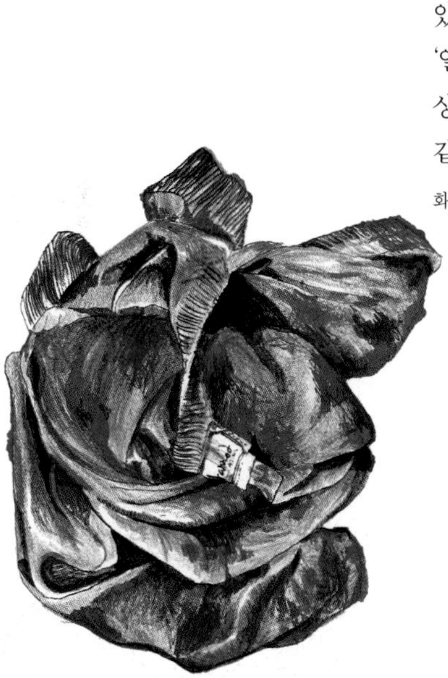

콜로니 룸

1948년, 뮤리엘 벨처가 사설 전용 클럽을 열었다. 베이컨은 형편이 괜찮아지자 10파운드를 지불하고 이곳에서 술을 마셨다. 벨처는 그의 고객이 남자든 여자든 상관없이 '그녀'라고 불렀다. 고객은 최상류층 귀족부터 시작해서 이스트엔드의 깡패들, 밤도둑, 전쟁 영웅, 자칭 '패배자'들까지 있었다. 이 술집을 자주 찾는 예술가들은

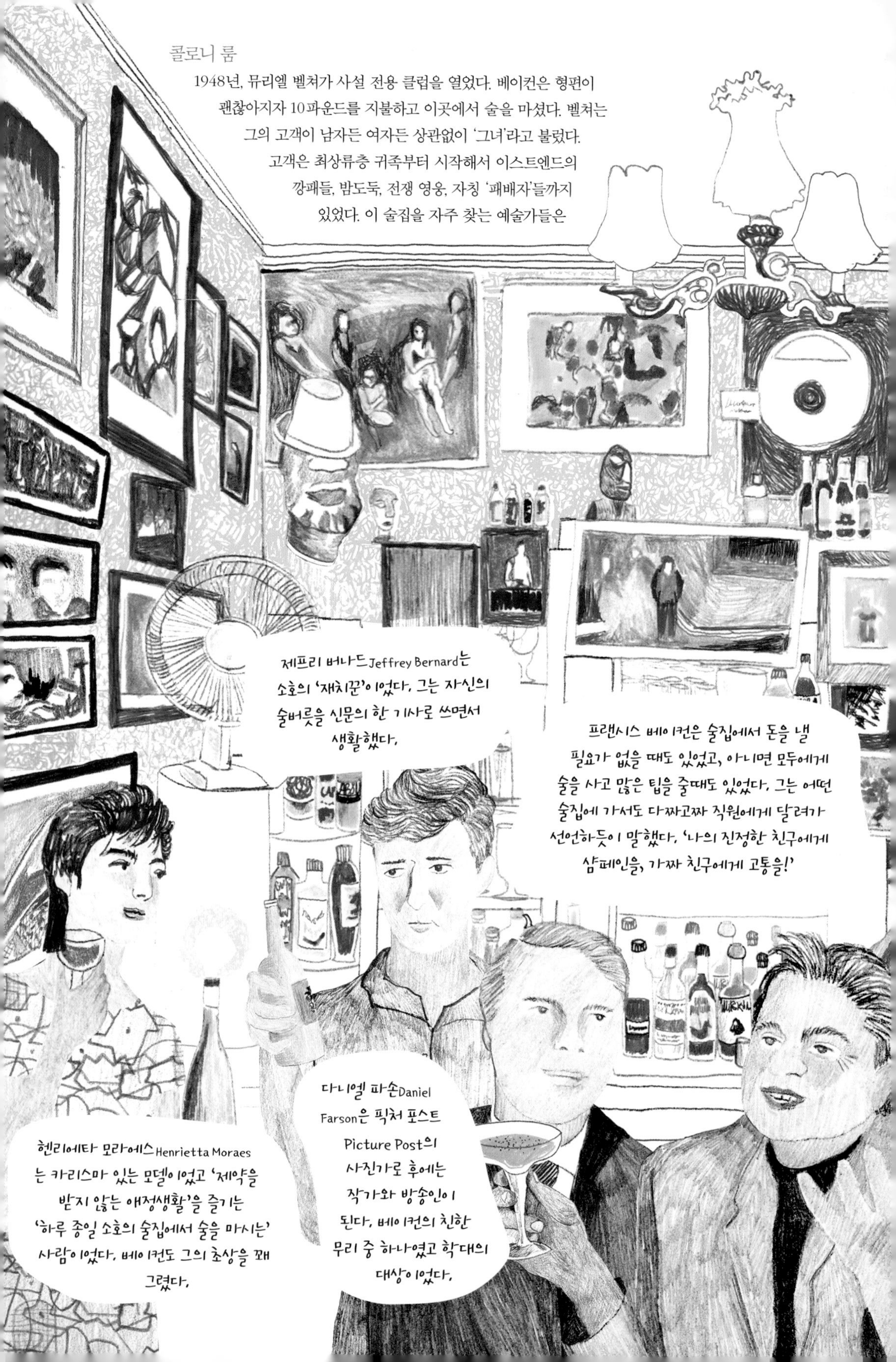

뮤리엘의 남자들' 이라고 불렸고, 그들이 바로 루시안 프로이트 ucian Freud, 프랑크 아우어바흐 rank Auerbach, 미셸 앤드류스Michael ndrews 그리고 베이컨이었다. 벨처는 지루한 사람들은 가게에서 쫓아냈지만, 그녀가 좋아하는 사람들에게는 아주 친절했다. 베이컨의 말을 인용하면 그녀가 이 클럽을 '어색함을 벗어던질 수 있는' 장소로 만들어줬다고 한다. 예술가 존 민턴John Minton은 이 가게를 가는 것을 '커다란 침대에서 술을 마시는 기분'이라고 묘사했다.

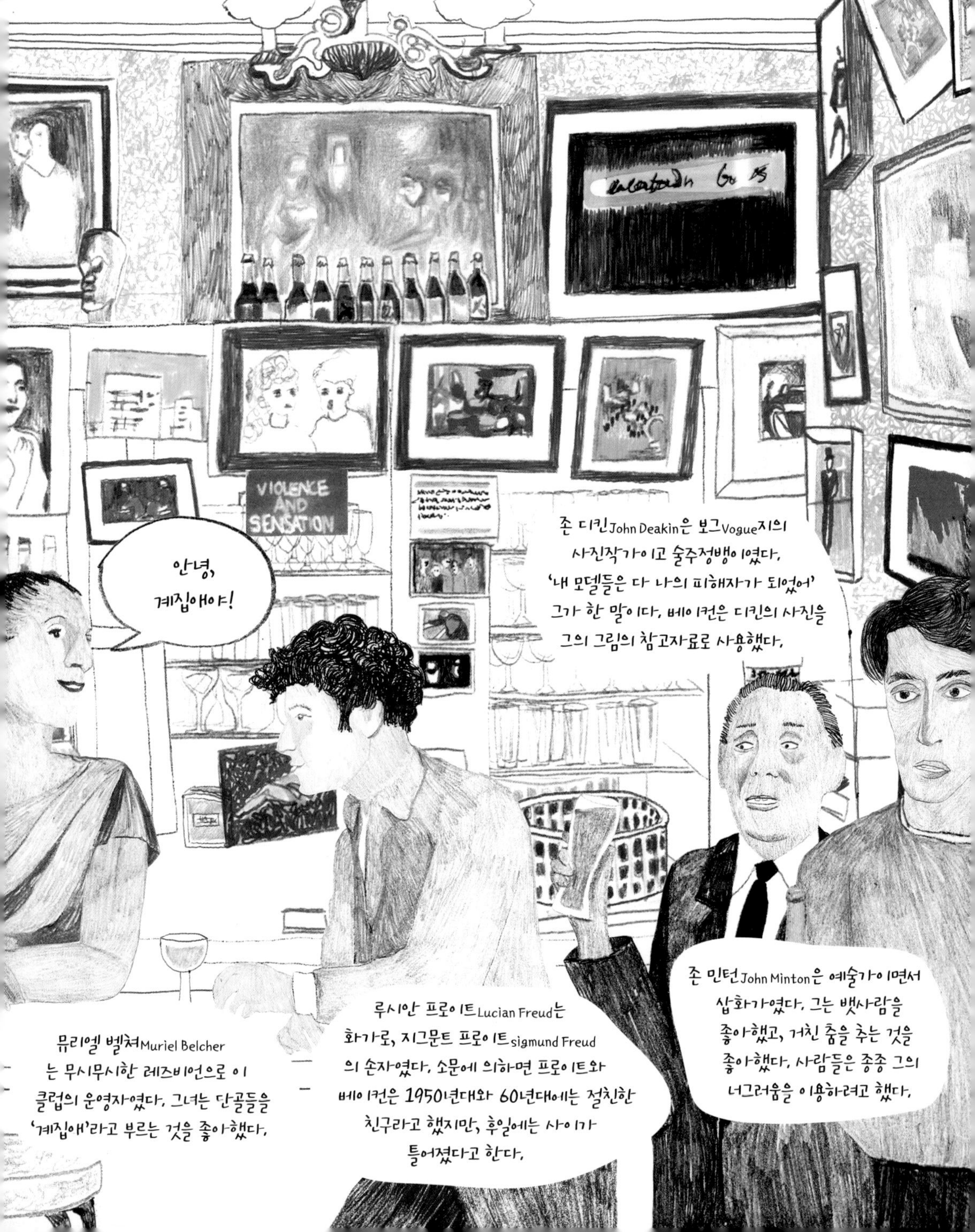

헨리에타 모라에스

〈누워 있는 형상Lying Figure〉은 베이컨이 존 디킨에게 부탁해서 찍었고 친구 헨리에타 모라에스Henrietta Moraes의 사진을 참고해서 그린 연작 중의 하나이다. 모라에스는 아무것도 깔리지 않은 매트리스 위에서 벌거벗은 채 마치 〈십자가 책형도 3부작〉의 가운데 형상처럼 누워있다. 그녀의 몸과 얼굴은 지저분하게 그려졌다. 오히려 매트리스의 커버와, 전등 스위치, 매달린 전구 그리고 재떨이가 더 뚜렷하게 그려졌다. 이 그림에는 그가 정형화시킨 각종 요소들이 점점 늘어났다. 그 요소들은 사람들의 눈을 사로잡았고, 시선을 고정하게 만들었다. 베이컨은 모라에스를 그린 그림에도 이런 요소를 사용했다. 그는 그림 속의 모라에스의 팔에 주사기를 꽂아 넣었는데, 이는 주사기를 이용해 사람들의 시선을 '침대위에 그려진 살덩이로 집중시키기' 위해서라고 했다. 그러므로 이는 모라에스가 마약중독자이거나, 약을 주입하고 있는 사실과는 아무 상관이 없다. 하지만 사람 팔에 주사기가 꽂혀있는데도 베이컨이 말한 것처럼 순순하게 시선을 끌기 위한다는 의미로 받아들이기는 어렵다. 마치 베이컨이 만자가 그려진 완장을 차고 있는 사람을 그려놓고, 사람들이 나치를 떠올리지 않기를 바라는 것과 마찬가지였다. 이는 베이컨이 자신의 그림을 눈에 보이는 그대로 묘사하고 설명하려하는 것을 싫어해서 이를 바꿔보려고 시도한 또 다른 예이기도 했다.

이 시기에 베이컨의 그림들은 잘 묘사된 배경과 소도구에 비해 매우 과장되게 뒤틀린 몸을 표현한 것이 많았다. 이 기법은 그의 작품에 지속적인 비평요소가 됐다. 로버트 휴즈Robert Hughes의 평을 예로 들자면, 그는 '강렬한 가소성의 형체들과 평범한 방의 소품들이 극과 극의 상태인 것에 충격을 받았다.'라고 평했다. 베이컨은 피부색, 형체, 소도구의 역할인 매트리스, 벽 또는 전구가 같은 방식으로 묘사되면 안 된다고 생각했다. 피부는 물건이 아닌 살아있는 존재로서 시간의 흐름에 따라 죽음을 향해 노화되고 있다고 생각했다. 베이컨은 피부라는 것에 평생 동안 집착했다. 그는 현대 사회의 우세한 매체인 사진으로 사람의 피부를 찍어 기록으로 남길 수는 있지만, 이것이 실제의 노화되는 피부를 대신할 수 없다고 말했다.

헨리에타 모라에스의 사진
Photograph of Henrietta Moraes

존 디킨, 1963.

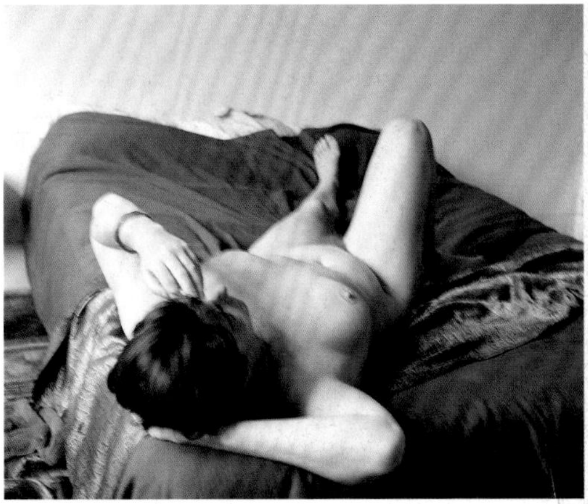

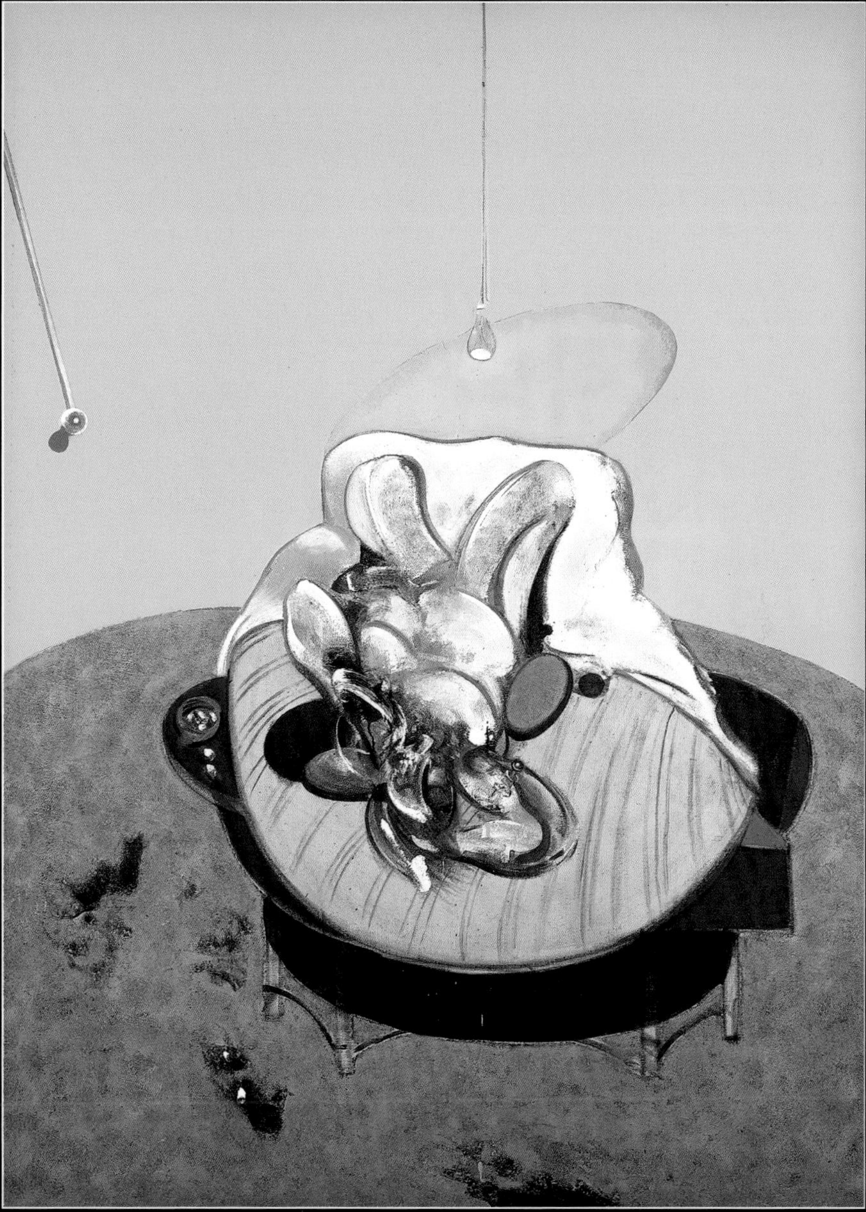

누워 있는 형상
Lying Figure

프랜시스 베이컨, 1969

캔버스에 유채
198 × 147.5 cm(78 × 58 in)
바이옐러 재단, 바젤

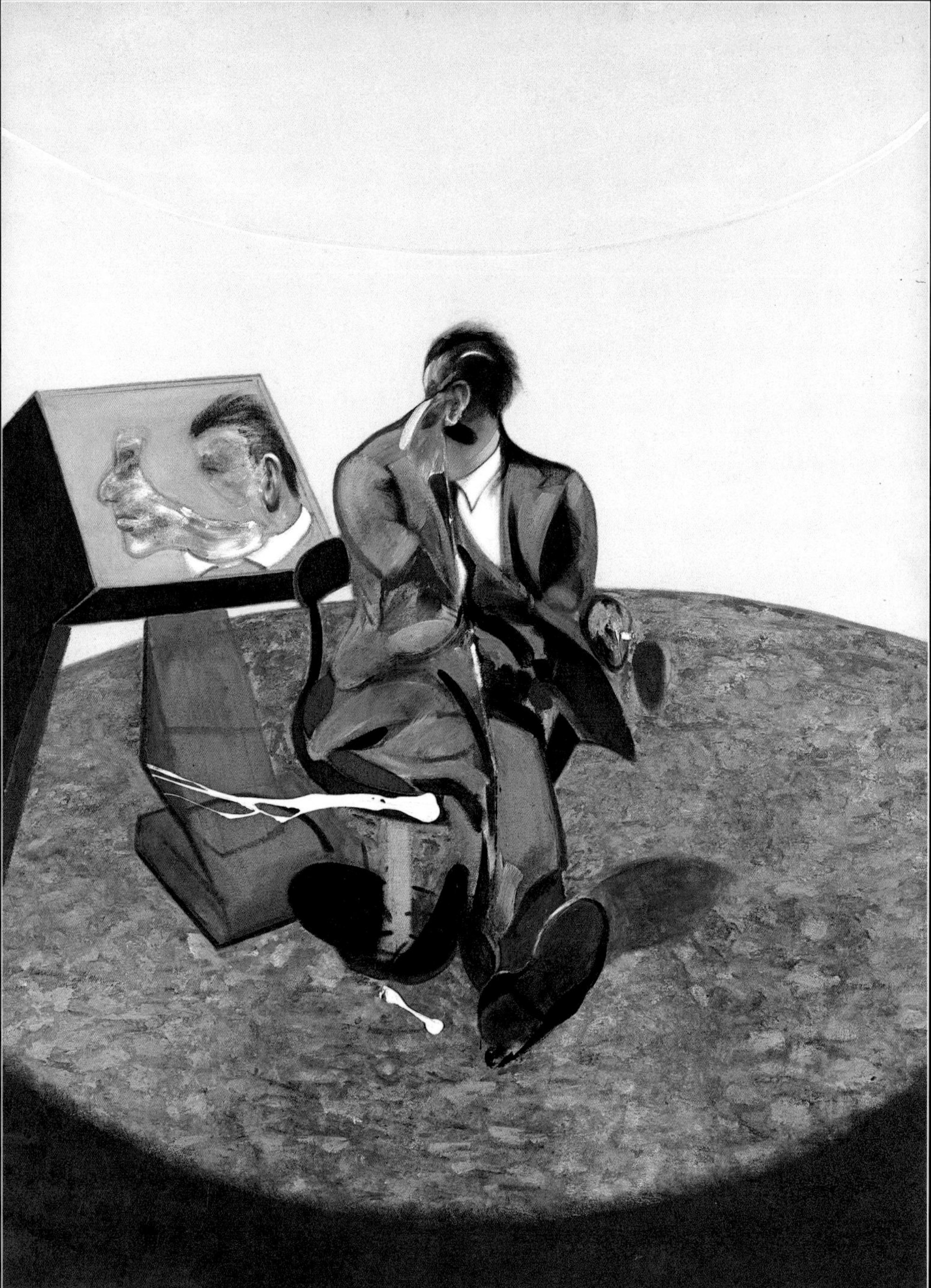

거울에 비친 조지 다이어의 초상
Portrait of George Dyer in a Mirror

프랜시스 베이컨, 1968

캔버스에 유채
198 × 147 cm(78 × 57⅞ in)
티센 보르네미사 미술관, 마드리드

조지 다이어

1963년, 베이컨은 한 남자를 만났다. 그의 작품의 유명한 모델로서 빠지지 않고 나오는 조지 다이어George Dyer였다. 그는 이스트엔드의 잘 알려지지 않은 하찮은 좀도둑이었다. 여린 성향과 잘빠진 몸매, 그리고 구개열 환자인 다이어는 깡패 같은 행동과는 걸맞지 않은 사람이었다. 베이컨은 다이어를 그가 만난 남자 중에 제일 아름다운 남자라고 말했다.

베이컨은 디킨에게 다이어의 사진을 찍어달라고 부탁했다. 디킨은 다이어가 집안에서 속옷만 입고 소호 거리를 바라보고 있는 옆모습을 찍었다. 베이컨은 이 사진들로 사랑하는 연인인 다이어를 위한 수많은 초상화 작업을 했다. 대부분은 다이어가 블라인드 코드를 바라보거나, 자전거를 타거나(실제로는 한 번도 탄 적이 없다), 아니면 그저 의자에 앉아있는 등 일상적인 행동을 하는 모습이었다. 베이컨은 이 습작들을 통해서 많은 실험과 연구를 했지만, 그 결과는 사람들의 조롱을 샀고 가치가 있는 작품으로는 인정되지 않았다. 〈거울에 비친 조지 다이어의 초상Portrait of George Dyer in a Mirror〉에는 거울 그리고 그 거울에 반사된 형체, 그림자, 핀으로 고정된 이상하고 작은 난쟁이가 그려진 그림이 그려져 있다. 이 작품은 그림 안에 또 다른 그림(복제품)인 다이어의 초상으로 눈을 어느 곳에 집중해야 할지 모르게 한다. 이와 같은 주제로 그려진 다른 그림들은 베이컨이 항상 마지막 단계에서 (베이컨은 그림을 '가렸다' 라고 말했다) 하얀 물감을 더럽게 분출해서 덮어버렸다. 표현에서 느껴지듯이 이 그림은 섹스와 시각과 성욕은 떼려야 뗄 수 없다는 베이컨의 생각을 전달한다.

〈거울에 비친 조지 다이어의 초상〉은 모범적인 모습이다. 다이어는 그가 평소에 입는 말쑥한 정장을 입고 사무실 의자에 앉아있다. 그의 몸은 그림의 기준이 되는 원본 사진처럼 접혀져 있다. 하얀 수직선은 그가 입고 있는 옷의 주름이고, 그는 담배를 피우고 있다. 디킨이 찍었던 거울을 보고 있는 다이어의 사진과 다른 점은 베이컨이 그림에서 비춰진 다이어의 얼굴을 불완전하게 찢어 그렸다는 것이다. 다이어는 마치 거울에 비친 자신의 모습을 보기 위해 의자와 몸을 돌린 것처럼 보인다. 그가 거울에서 본 모습은 우리가 보고 있는 모습이랑은–당연히–다를 것이다. 이 그림에서는 안정된 화상을 찾을 수 없고, 그저 다이어가 흐릿한 인간의 애처로움을 찾으려 노력하는 모습만 보인다. '당신이 사랑에 빠져있다 하더라도, 모든 것은 당신으로부터 도망치게 돼 있다.' 베이컨이 말했다. '당신이 그 사람에게 더 가까워지고 싶더라도, 어떻게 그 살을 찢고 나와 그 사람에게 더 가까이 다가갈 수 있겠어?… 그걸 가능하게 해주는 것이 예술이야.'

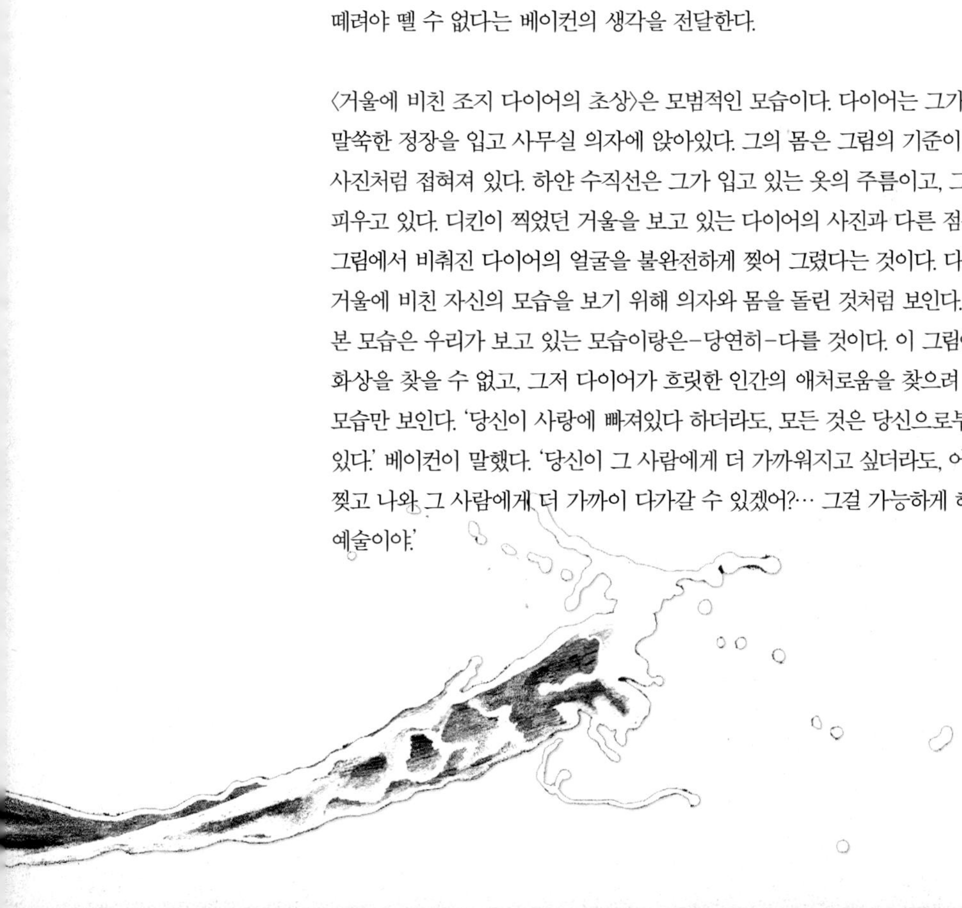

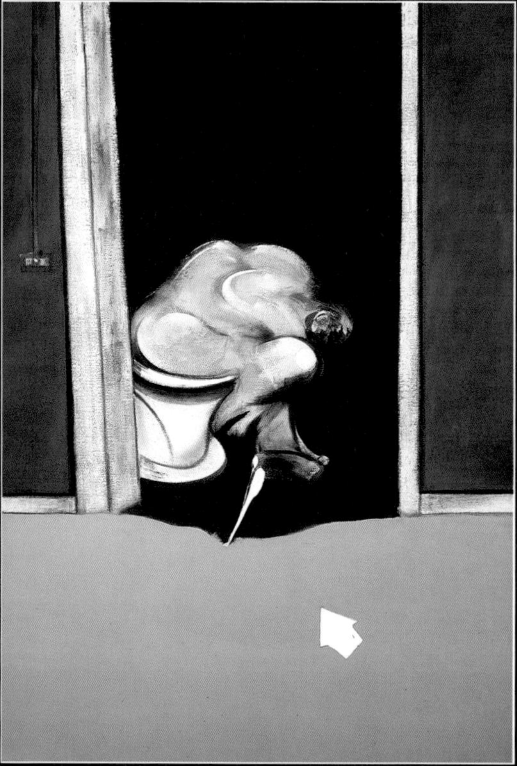

1973 5-6월 3부작
Triptych, May-June 1973

프랜시스 베이컨, 1973

캔버스에 유채
각 198 × 147 cm(78 × 57⅞ in)
개인소장

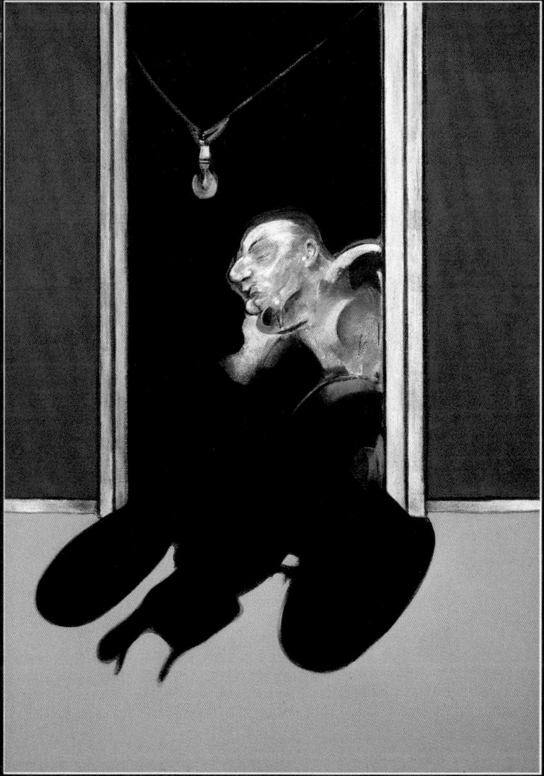

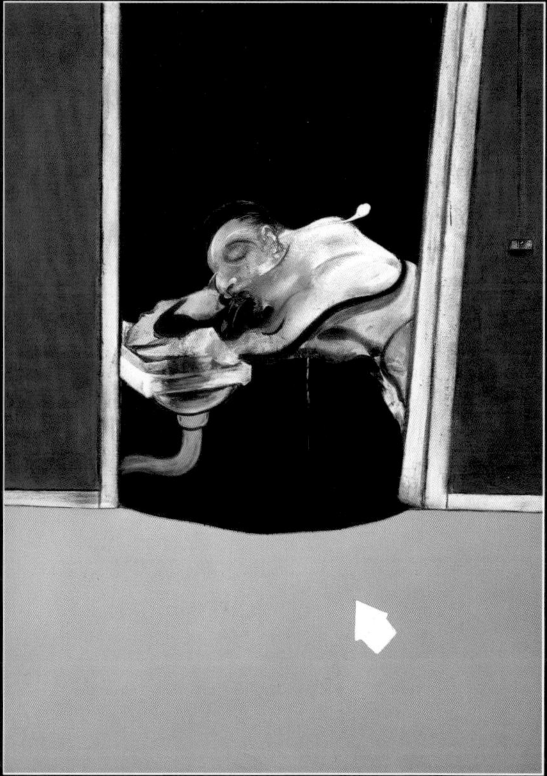

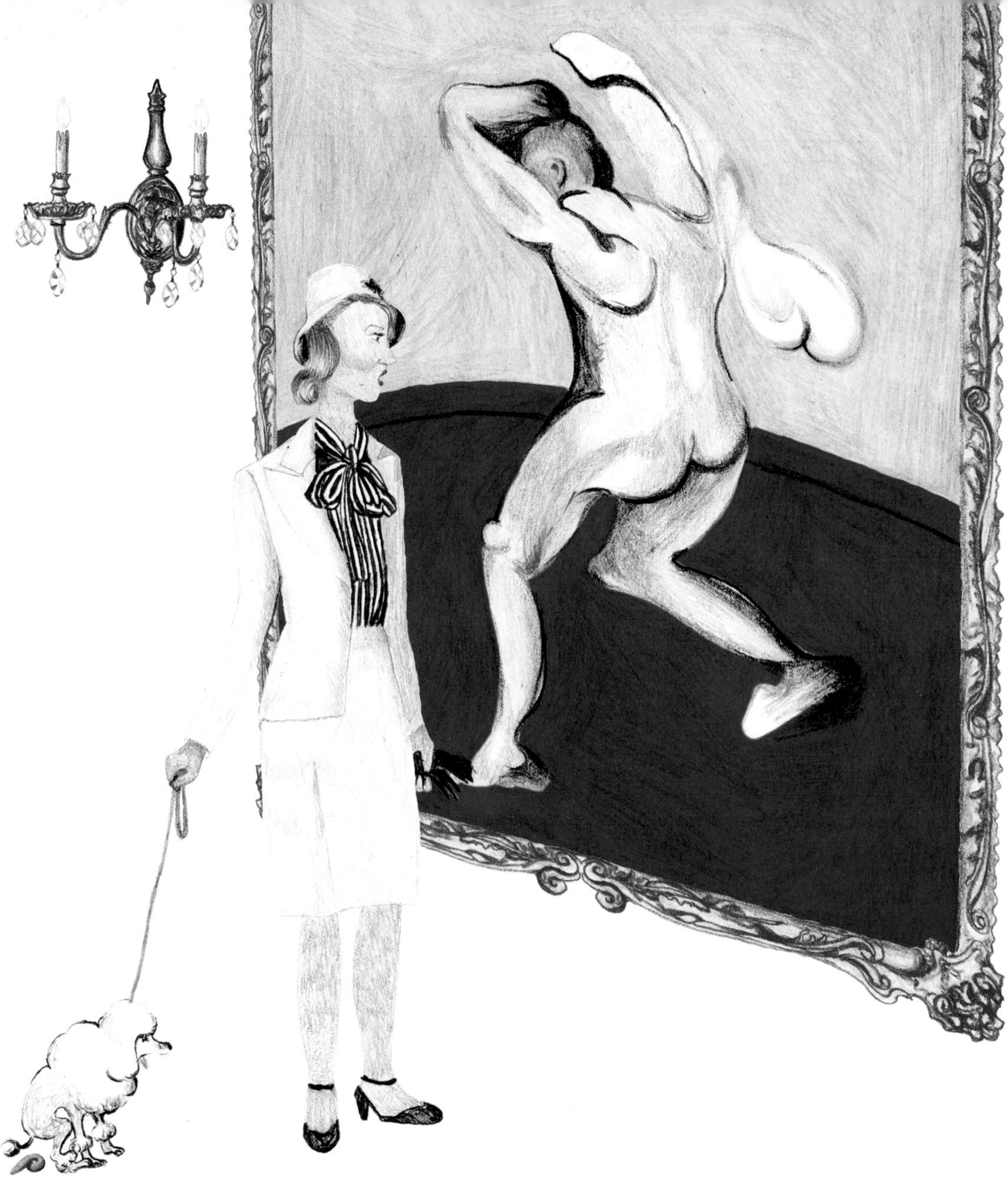

파리, 그리고 다이어의 죽음

1971년, 베이컨은 파리의 그랑 팔레Grand Palais에서 전시를 했고, 이는 화가로서 매우 큰 업적이었다. 프랑스로부터 인정을 받는 영국 작가는 그리 많지 않았고, 베이컨은 의기양양했다. 베이컨은 친구의 경고를 무시하고 다이어를 데리고 파리로 갔다. 다이어는 당시에 자신이 경제적으로도 감정적으로도 베이컨에게 많이 의지하고 있다는 것과 언젠가 베이컨이 자신에게 흥미를 잃을 것이란 생각에 속을 썩고 있었다. 베이컨은 때때로 다이어에게 아주 잔인하게 행동했었다. 둘은 자주 싸웠고 술을 많이 마셨다. 다이어는 파리에서 걷잡을 수 없이 술을 마셔댔고, 결국 둘은 갈라서기로 했다. 전시회 개막 전날, 다이어는 약물 과다 복용으로 호텔에서 죽은 채 발견되었다.

다이어의 초상화로 가득했던 전시회는 성공적이었다. 파리의 사교인들은 베이컨의 그림을 보고 오싹해했고 황홀해했다. 사람들은 개막식 저녁에도 침착한 베이컨의 모습에 놀라워했다. 시끌벅적한 와중에 데이비드 호크니David Hockney가 그에게 애도를 표하자, 베이컨은 뻔한 거짓 눈물을 흘리며, '울거나 아니면 웃어야지!' 라고 소리쳤다. 하지만 다이어의 죽음과 자신이 지은 잘못에 대한 죄책감은 베이컨의 남은 생을 멈추지 않고 따라다녔다.

비극은 그에게 이제까지 없었던 최고의 주제를 던져주었다.
〈삼부작, 1973 5-6월Triptych, May-June 1973〉은 그의 죽은 연인을 기리며 그린 '검은 삼부작'이라는 연작들 중의 하나이다. 이 연작에는 다이어가 어떻게 죽었는지 순차적으로 그려져 있다. 우리는 다이어가 벌거벗은 채 화장실에 앉아있는 모습(그가 발견되었을 때의 모습), 그가 허공을 쳐다보는 모습, 세면대에 토하는 모습을 볼 수 있다. 그의 낯익은 모습들, 그의 살짝 굽은 등, 그의 뒤로 잘 넘겨진 머리, 그의 귀의 모양은 실제 조지 다이어의 존재를 상기시킨다. 중간 패널에 있는 형태의 이상한 모양의 그림자만이 과장되어 그려졌다.

베이컨은 다이어의 죽음을 주제로 그림으로써 그를 '생각에서 지워버리고 싶다'고 했다. 하지만 그는 좋은 그림 또한 그리고 싶어 했다. 베이컨은 지금까지의 작업 중 제일 많은 신경을 썼고, 그 결과 최고의 결과물을 만들어냈다. 미술 비평가 휴 데이비스 Hugh Davies가 1973년 처음 이 삼부작을 봤을 때는 아직 베이컨이 작업을 하고 있는 중이었다. 그 다음 방문 때 그는 베이컨이 첫 번째와 세 번째 패널에 화살표를 그려 넣은 것을 발견했다. 베이컨은 화살표가 그림의 감정적이고 극적인 부분을 무디게 해줄 것이라 설명하면서 이를 골프 교습서에서 골프채를 어떻게 휘둘러야하는지 화살표로 표시 해놓은 것을 보고 발상을 얻었다고 했다. 그림 속의 비극을 가리키는 화살표에는 잔인함이 담겨있다. 이 화살표들은 그림의 감정적인 면을 방해해 극적인 감정은 무디게 해줬지만, 보는 사람은 그림에 내재되어있는, 고인을 대하는 베이컨의 잔혹함을 느꼈다. 지금 우리처럼 말이다.

다이어 이후

그림 그리기(painting)의 근원이라고도 하는 옛날이야기가 있다. 옛날에 젊은 여자가 자신이 사랑하는 사람의 그림자를 따라서 벽에다 형상을 새겨 넣었다는 일화이다. 그래서 그의 모습은 그가 없더라도 벽에 남아있을 것이고, 그가 죽더라도 그곳에 있을 것이다. 디킨이 찍어준 다이어의 옆모습 사진들을 차곡차곡 모아뒀을 베이컨을 생각하면서 이 일화가 떠올랐다. 베이컨은 다이어의 사진에서 머리만 잘라내 그의 머리 사진을 캔버스에 꽂아 그 주위를 칠하기도 했다.

베이컨은 다이어의 죽음 후 그의 모습을 하나의 요소로써 그림에 종종 그려 넣었다. 우리는 다이어의 독특한 옆모습으로 그의 존재를 금방 알 수 있었다. 코가 길어 냄새만으로도 생존이 가능했을 동물같이 생겼다. 〈페인팅Painting, 1978〉에서는 다이어의 모습이 3번이나 나타난다. 잠긴 문에 열쇠를 넣어 돌리는 이미지는 베이컨의 그림에서 종종 쓰이는 주제였다. 다만 이번에는 문에서 어정쩡하게 멀리 떨어져 발가락으로 열쇠를 돌리는 다이어의 모습을 볼 수 있다. 이 그림은 베이컨이 피카소의 '목욕하는 사람들'과 엘리엇 T.S.의 '황무지The Waste Land'의 글귀를 떠올리며 작업했을 것이다.

'나는 열쇠소리를 들었어.
문을 돌리는 소리를.
하지만 한번만 돌려졌지.
우리는 각자의 감옥에 갇혀, 이곳에서 열어줄
열쇠를 생각해.
열쇠를 생각하며, 어떤 감옥인지 확인해.'

베이컨은 60년대 후반과 70년대에 들어서는 종종 소설이나 문학에서 주제를 가져왔지만, 그래도 자신의 그림에 대한 묘사되거나 설명되는 것은 역시나 싫어했다. 한때 베이컨은 〈페인팅Painting, 1978〉이라는 제목에 '엘리엇Eliot'을 붙였다가, 후에 지웠다.

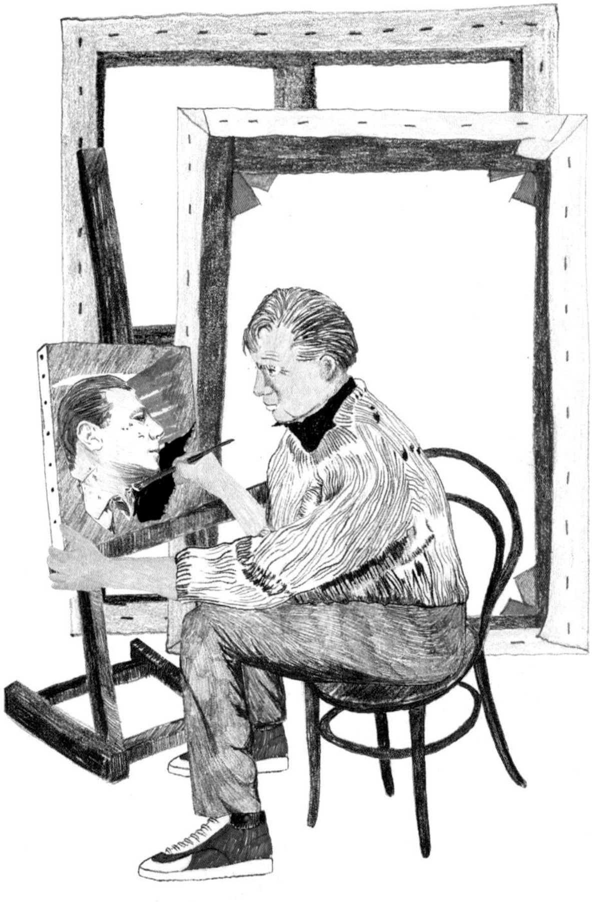

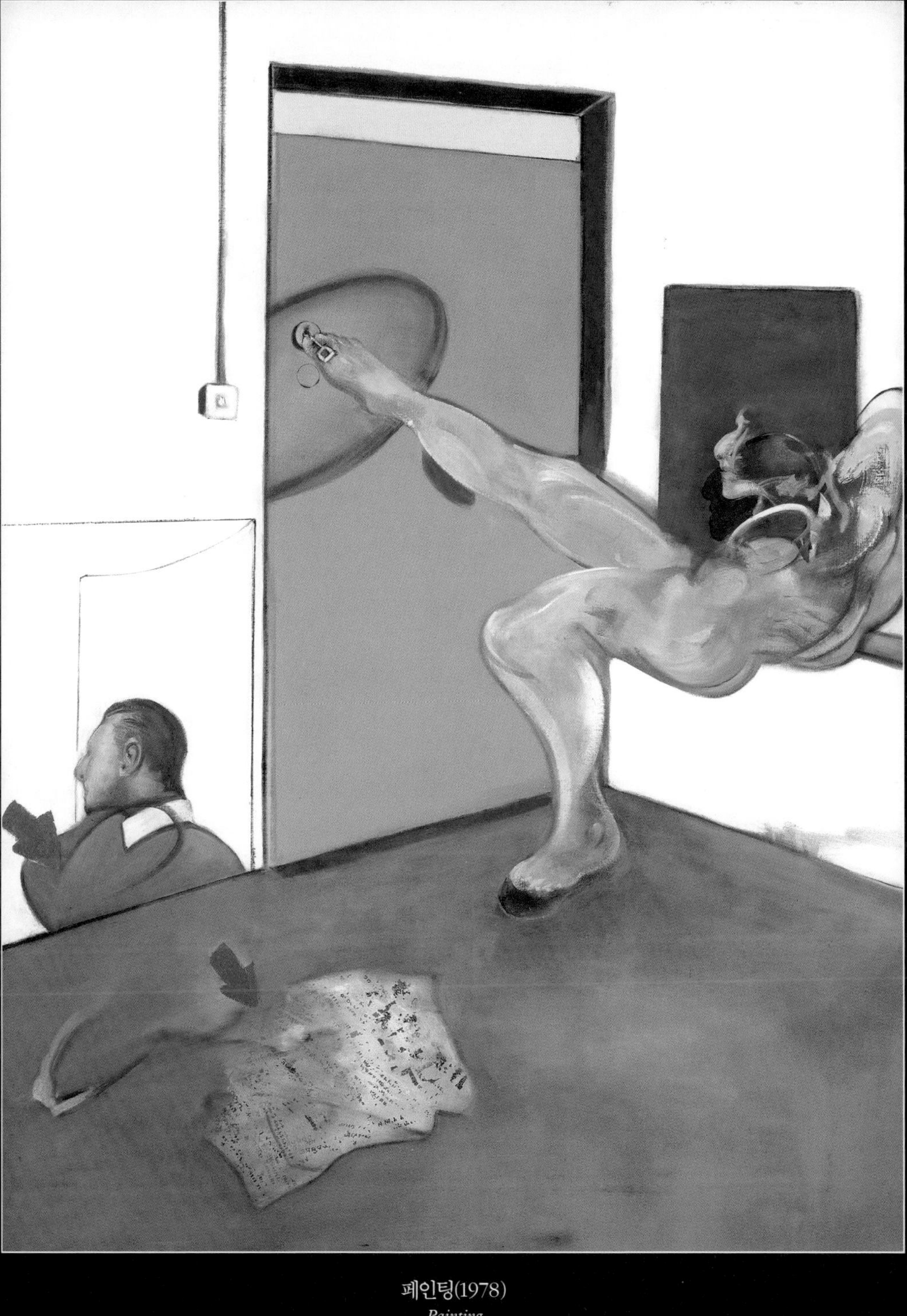

페인팅(1978)
Painting

프랜시스 베이컨, 1978

캔버스에 유채
198 × 147.5 cm(78 × 58 in)
개인소장

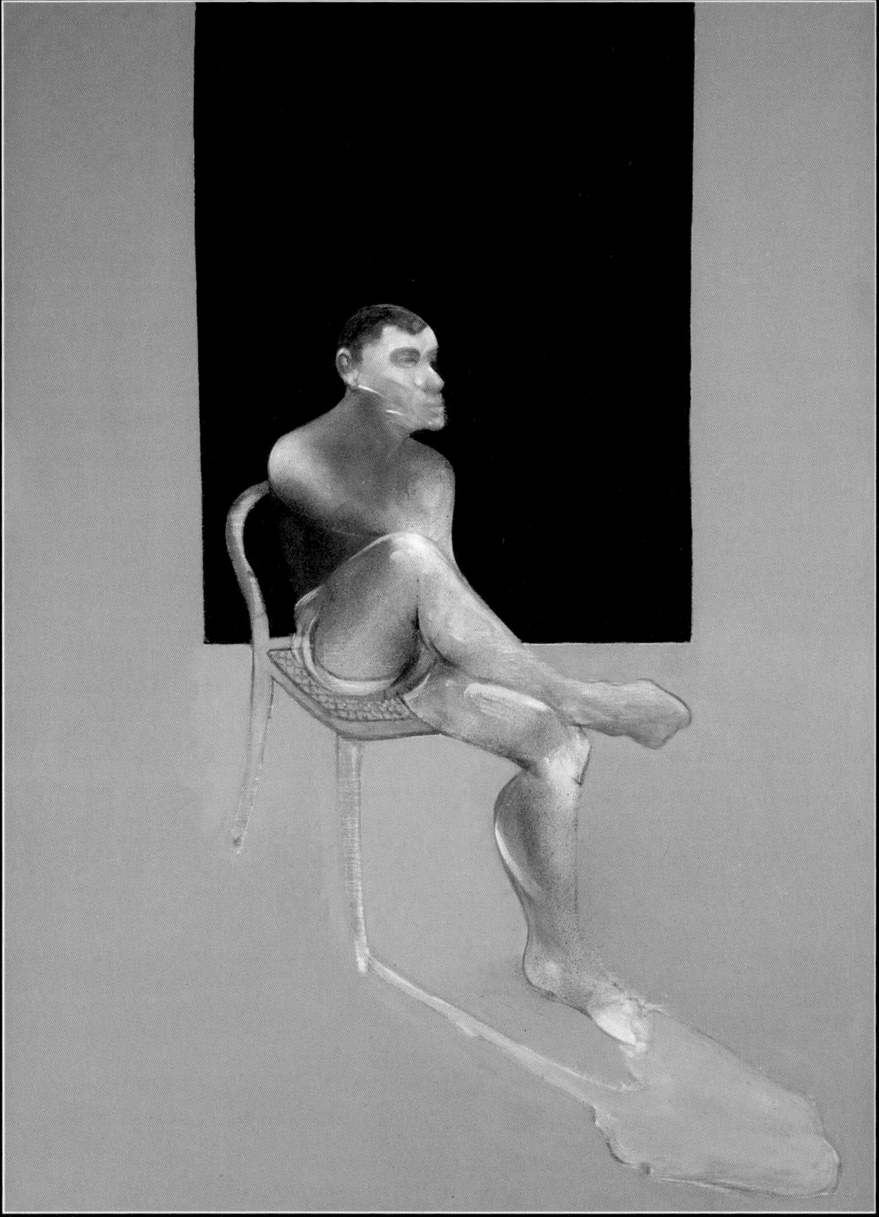

존 에드워즈의 초상
Portrait of John Edwards

프랜시스 베이컨, 1988

캔버스에 유채
198.1 × 147.3 cm(78 × 58 in)
프랜시스 베이컨 상속 컬렉션

존 에드워즈

다이어가 죽고 난 후의 몇 년 동안의 작업은 죄책감과 도덕적인 반성 아래에 그려졌다. 70년대 초반에 베이컨은 의자에 홀로 앉아있는 자화상을 그렸다. 방의 물건인 세면대와 수도꼭지, 전등의 스위치와 매달린 백열전구, 바닥에 놓여 있는 신문은 그림 안에서 무의미하게 존재한다. 베이컨은 자신이 자화상을 그리는 이유를 주위에 친구들이 다 죽거나 없어져서 혼자 남았기 때문이라고 했다.

70년대 중반에 베이컨은 존 에드워즈John Edwards를 만났다. 둘은 연인이 아닌 친구로서 가까워졌고, 그는 베이컨에게 큰 안정감을 가져다 줬다. 에드워즈는 이스트엔드의 술집 매니저로서 베이컨과 다른 예술가들이 향한 탕헤르로 가지 않고 굳건히 이스트엔드에서의 자리를 지켰다. 베이컨은 에드워즈를 자신의 아들처럼 아꼈고, 그를 '단 한명의 진실한 친구'라고 불렀다. 그들은 대부분 베이컨의 리스 뮤스에서 기름진 아침식사를 했다. 베이컨은 계란 노른자를, 에드워즈는 흰자를 먹곤 했다.

에드워즈는 베이컨의 1970년대와 80년대에 그려진 초상화의 모델이 되었다. 이 당시의 베이컨의 작품은 훨씬 안정적이고 자신감이 느껴진다. 〈존 에드워즈의 초상Portrait of John Edwards〉에서의 피부는 극적인 표현이 아니라 천천히 퍼져나가는 의기소침한 인상을 준다. 머리와 옆모습으로 에드워즈라고 인식할 수가 있다(하지만 에드워즈는 왜 베이컨이 자신의 모습을 원숭이처럼 그렸는지 이해하지 못했다-베이컨은 자의식이 강하고 교양 없는 사람들이 그림을 보고 내뱉는 발언을 재밌어 했다). 하지만 조지 다이어의 그림자는 아직 남아있었다. 앉아있는 몸의 자세, 꼰 다리, 하얀 바지는 모두 디킨의 사진에 찍혀있는 다이어의 것이었다. 그리고 분홍빛 피부 같은 그림자가 에드워즈의 몸에 부드럽게 이어져 나온 기법은 베이컨이 다이어가 죽은 뒤 다이어에 관한 그림을 그릴 때마다 썼던 기법이다. 〈삼부작Triptych 1972〉-'검은 삼부작' 중의 한 연작인-의 바깥쪽 두 패널의 그림은 〈존 에드워즈의 초상〉과 구도, 주제가 거의 같다, 다만 에드워즈가 아닌 다이어라는 것뿐이다. 그림 속의 눈을 감은 다이어는 주위로 서서히 분해되는 것처럼 보인다.

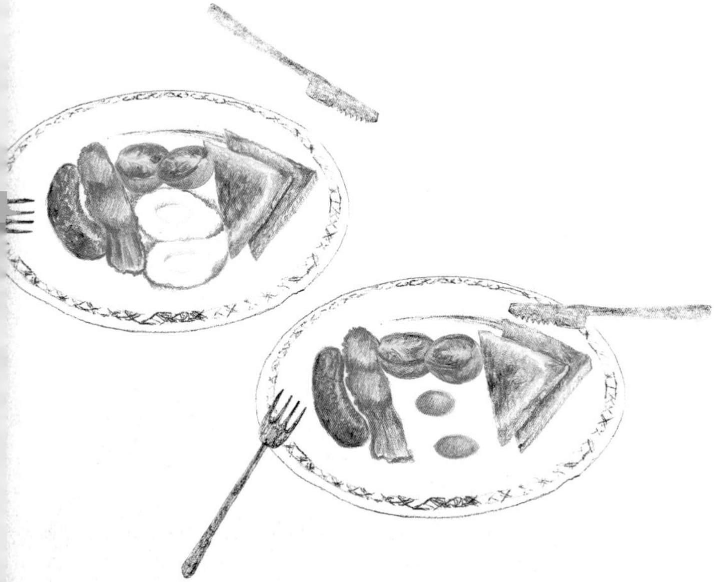

풍경화

베이컨의 그림의 주제는 항상 형상이었지만, 70년대 후반과 80년대에는 풍경화를 시도하기 시작했다. 1973년, 그는 휴 데이비스에게 그가 불법 승객들로 가득 찬 마치 '작은 공간에 밀집된 칸'과 같은 기차의 객실을 좋아하는 것처럼, 상자 속에 있는 풍경화를 그리고 싶다고 말했다. 물론 베이컨은 그의 인물들을 그림 속 '우리' 안에 지속해서 가뒀었다. 하지만 이번엔 자연을 가두고 싶다고 했다. 끝없이 펼쳐진 풍경 또는 바다 경치를 상자에 가둬서, 자연이 갇힌 '밀집된' 풍경화를 그리고 싶다고 했다.

이 실험적인 작업의 결과물 중 하나가 바로 〈사구Sand Dune〉이다. 확실한 형태가 없는 사구(프랑스의 엽서사진을 참고한 것으로 보인다)가 박스에 갇혀서 탈출을 시도하는 듯하다. 사구는 마치 사람의 피부와 닮았는데, 몸을 보호하기 위해 조절하거나 명령하는 역할은 없어 보인다. 뼈와 생명력이 없는 피부지만 남겨진 본능이 느껴진다. 이 작품은 존 에드워즈의 초상과 비슷한 방식으로 그려졌다. 베이컨의 작업실 바닥에 있는 먼지(자료)들을 더해가며 말이다.

풍경화는 베이컨에게 새로운 시작이었다. 하지만 사구에는 베이컨에게 익숙한 요소들이 많이 사용되었다. 이는 자칫하면 습관이 될 위험성이 있었다(혹은 미술 역사가 존 리차드슨John Richardson이 심술궂게 말하길 '악을 쓰며 주장하는' 작품이 되거나). 그림엔 화살표가 있었고, 백열전구와 코드, 타원 혹은 원의 빛이 바닥에 있었다. 사구에는 베이컨이 1940년대에 썼던 진한 오렌지색의 물감도 사용됐다. 베이컨은 마치 초창기의 가지고 있었던 영감과 감정을 다시 되찾기 위해 자신의 초기작품을 되돌아보는 것 같았다. 그리고 얼마 지나지 않아, 베이컨은 자신의 전全작품을 조립하는 작업에 들어갔다. 〈두 번째 3부작 second version of Triptych 1944(1988)〉이 그의 성공한 삼부작을 재작업한 결과물 중 하나다. 자신의 이전 작업을 다시 재현하면서 리스 뮤스 작업실 벽과 부엌을 가득 메우고 있던 사진들이 점점 사라져갔다. 그는 이미지의 영향을 받아서가 아닌, 자신의 옛 작업으로부터 자기지시적인 작품을 내놓기 시작했다.

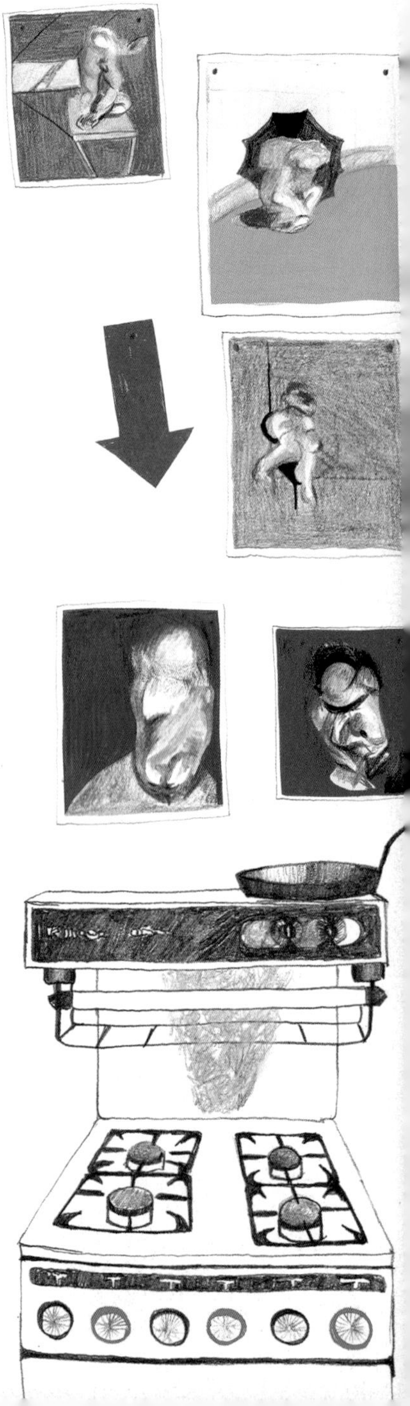

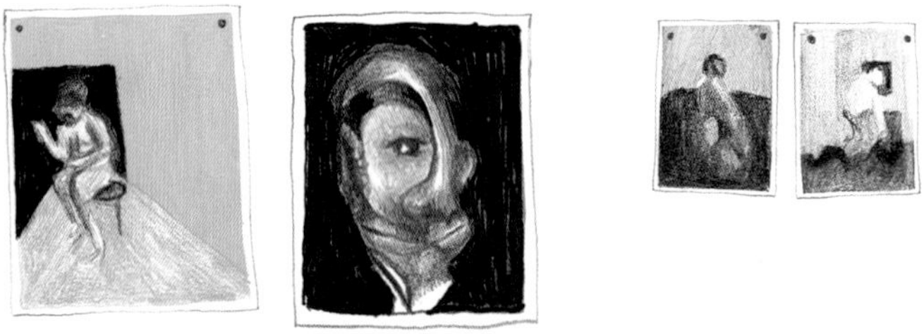

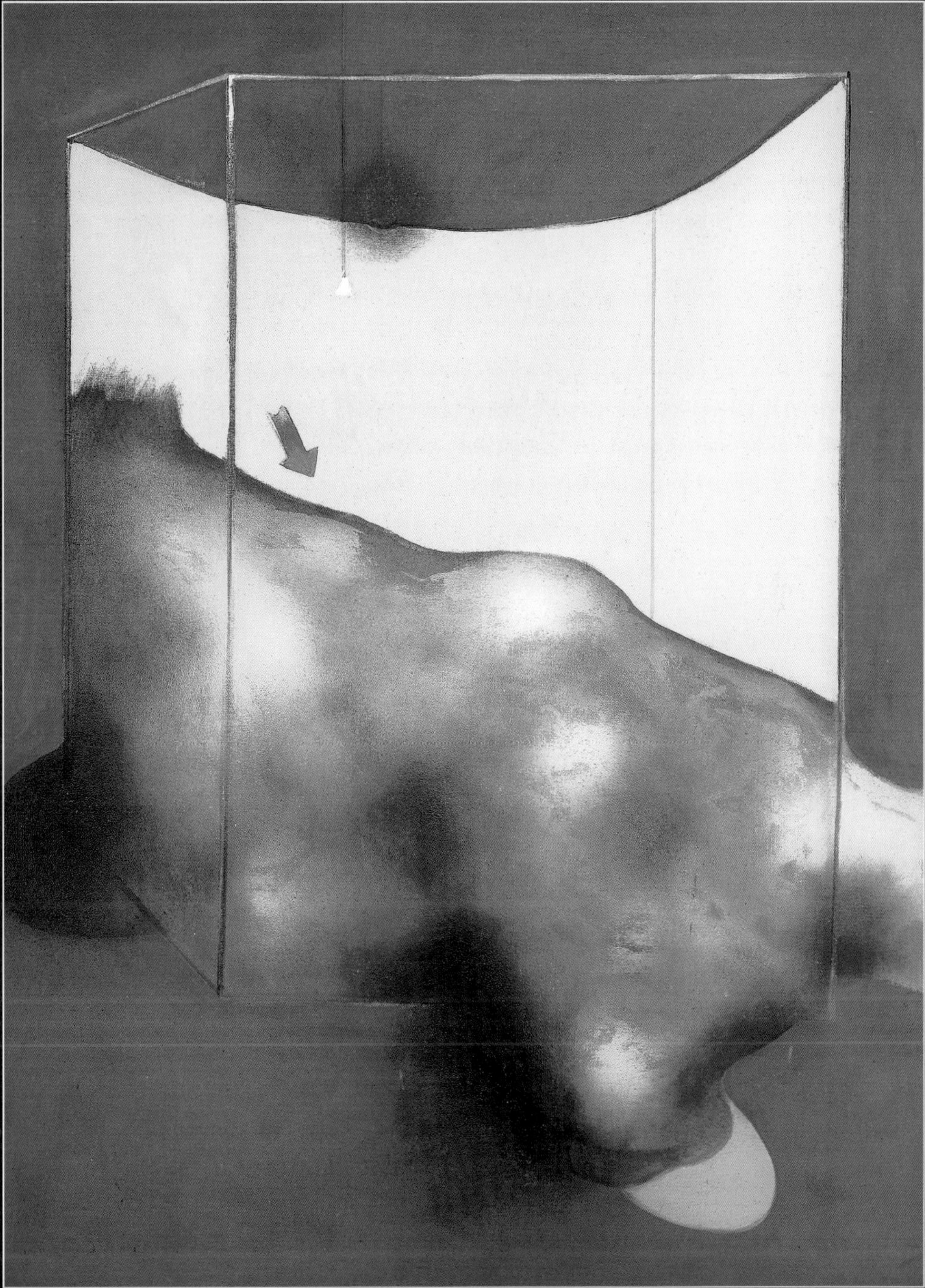

사구

베이컨 마니아

어느 분기점부터 베이컨은 떠오르는 스타였다. 1984년에 파리에서 열린 베이컨의 전시는 펑크 애호가들과 같은 팬들에게 열렬한 성원을 얻었다. 베이컨은 프랑스에서 거의 추종의 대상이 되었다. '오직 프랜시스 베이컨만이 당신보다 대단하다' 라는 문구가 베르뇌이 거리rue de Verneuil에 있는 세르쥬 갱스부르Serge Gainsbourg(프랑스의 유명인)의 집 담벼락에 적혔다.

베이컨은 이론을 제시하며 그를 찬양하는 프랑스 사람들을 보며 자신의 인기를 실감할 수밖에 없었다. 1981년, 철학가 질 들뢰즈Gilles Deleuze는 베이컨을 극찬한 서적 〈프랜시스 베이컨: 감각의 논리Francis Bacon: Logique de la Sensation〉를 출간했다. 비평가 벤 데이비스Ben Davis의 말에 따르면, 들뢰즈가 베이컨에 관해 집필한 것이 베이컨에게 '지적이고 신비로운 영광'을 줬다고 표현했다. 들뢰즈의 서적엔 베이컨의 그림들이 말로 표현하기 힘들지만 본능적인 효과를 불러일으킨다며 호평했다. '짐승 같은 사람의 머리' 또는 '온몸으로 비명을 지르고 있고, 그것을 입 모양을 통해 표현했다' 등의 해석을 본문에 집필했다.

80년대의 말, 베이컨의 건강에 적신호가 왔다. 한참 어린 스페인 남자와의 연애는 그의 원기를 잠시나마 회복시켰지만, 1992년 마드리드로 가는 여행에서 크게 앓았고 심장마비로 세상을 떠났다.
그의 유언에 따르면 모든 재산은 존 에드워즈에게 남겨졌다.

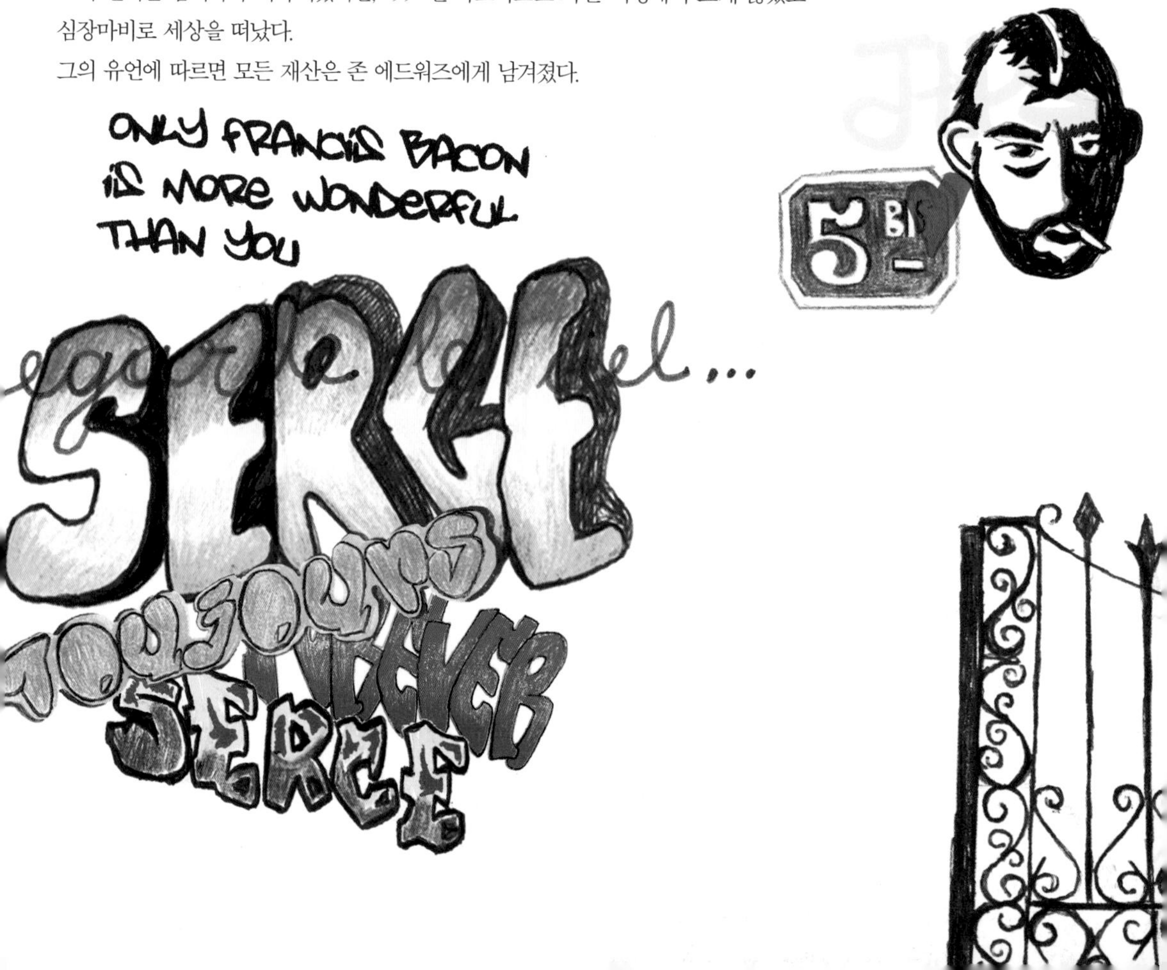

시장

베이컨은 형편이 넉넉할 때 죽었다. 베이컨은 항상 금전적인 면에서는 운이 좋은 편이었고, 그의 '카리스마'에 비하면 돈은 아무것도 아니었다. 그는 돈을 아무래도 상관없다는 듯이 대했다. 그래서 그런지 돈은 어디서든지 그에게 딱 달라붙어 다녔다. 베이컨의 노후엔 그의 그림이 비싼 값으로 팔렸다. 그가 죽은 뒤엔 로켓처럼 가격이 계속해서 치솟았다. 2013년 11월, 삼부작인 〈루시안 프로이트에 대한 세 개의 습작Three Studies of Lucian Freud〉은 1억 4240만 달러에 판매가 되면서 경매의 최고기록을 깼다.

논란이 되었던 그림 속의 모델들도 베이컨이 죽은 뒤 하나 둘씩 정체가 밝혀졌다. 베이컨은 살면서 연습용 그림을 그리지 않고 바로 캔버스에 색을 칠했다고 주장했었다. 그래서 그의 작품들은 사람들에게 '제대로 된 미술 교육을 받지 못한 화가가 타고난 소질과 기회로 그린 대단한 작품'이라고 생각되었다. 하지만 베이컨의 노후를 함께한 그의 운전사이자 잡부였던 배리 줄Barry Joule에 의해 베이컨의 놀라운 습작 스케치가 세상에 나왔다. 베이컨이 숨겨왔던 스케치와 가공된 사진을 줄에게 선물로 줬었던 것이다. 줄은 사람들이 베이컨이 가지고 있는 작품 수에 대해서 논란을 제기할 때, 테이트 미술관에 스케치와 사진들을 넘겨줬다. 2004년, 이탈리아에서는 베이컨의 후기 작품–거의 알려지지 않은–을 산 사람이 정말 이 그림이 베이컨의 작품인지 아닌지에 대해 재판을 신청하기도 했다. 판사는 그림에 베이컨이 잔뜩 취했을 때 새겨 넣었을 법한 사인이 있기에 그의 작품이 맞다고 판단했다. 아직도 그의 그림들이 진품인지 아닌지에 대해서 사람들은 돈 내기를 하고 있다고 한다.

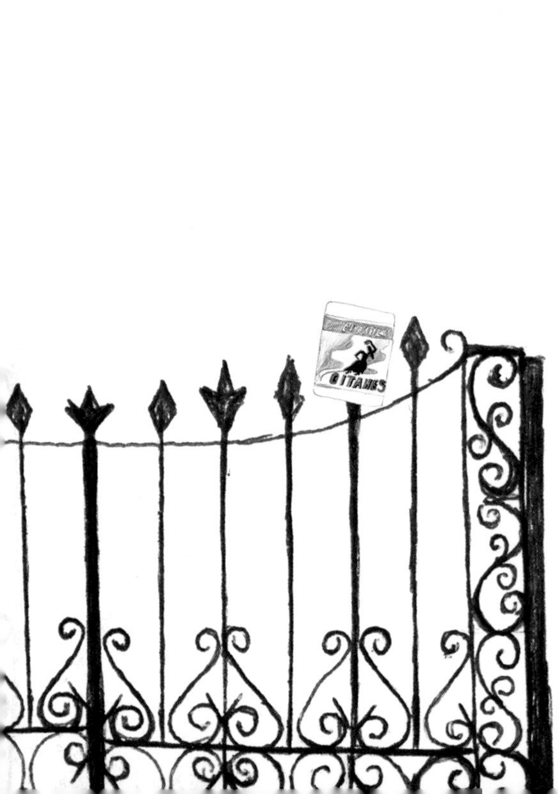

더블린 복원 공사

1998년, 베이컨의 작업실에 있던 것들은 에드워즈에 의해 더블린 휴 레인 갤러리 Hugh Lane Gallery에 기증되었다. 모든 물건들이 옮겨졌고 다시 똑같이 복원할 수 있도록 꼼꼼히 기록되었다. 이 고고학적인 발굴 작업은 베이컨의 작업을 알아가는 데에 큰 역할을 했지만, 한편으로는 한 작가의 일개 작업공간을 너무 숭배하는 경향이 있지 않는가 하는 논란이 제기 되었다.

휴 레인 갤러리의 방문객들은 투명상자 속에 복원된 베이컨의 작업실을 보고 그가 작업하는 모습을 상상했다. 또한 그의 집과 실제 작업실이 분해되기 전의 모습이 모든 각도에서 찍힌 사진을 갤러리 기념품 코너에서 찾아볼 수 있었다. 사람들에게 그의 작업실은 마치 범죄과학수사의 한 장면 또는 관음증적인, 병자의 방(예를 들어 신문을 쌓아놓거나 벽에 배변을 문지르는 등)같이 흥미로운 공간이었다. 우리는 베이컨이 남겨놓고 간 것으로부터 베이컨의 창작활동과 정신 상태에 대해 어느 정도의 추측을 할 수 있다. 투명 유리를 사이에 두고 바라보는 베이컨의 작업실을 고립된 '공간 테두리' 기법과 비교하는 사람도 있을 것이다. 그의 엉망진창인 작업공간을 들여다보는 것으로 그가 정말로 그림을 그렸다는 것을 알 수 있고, 그가 말한 '기쁜 절망'이라는 것이 무엇을 뜻하는가의 실마리를 찾아볼 수 있지 않을까.

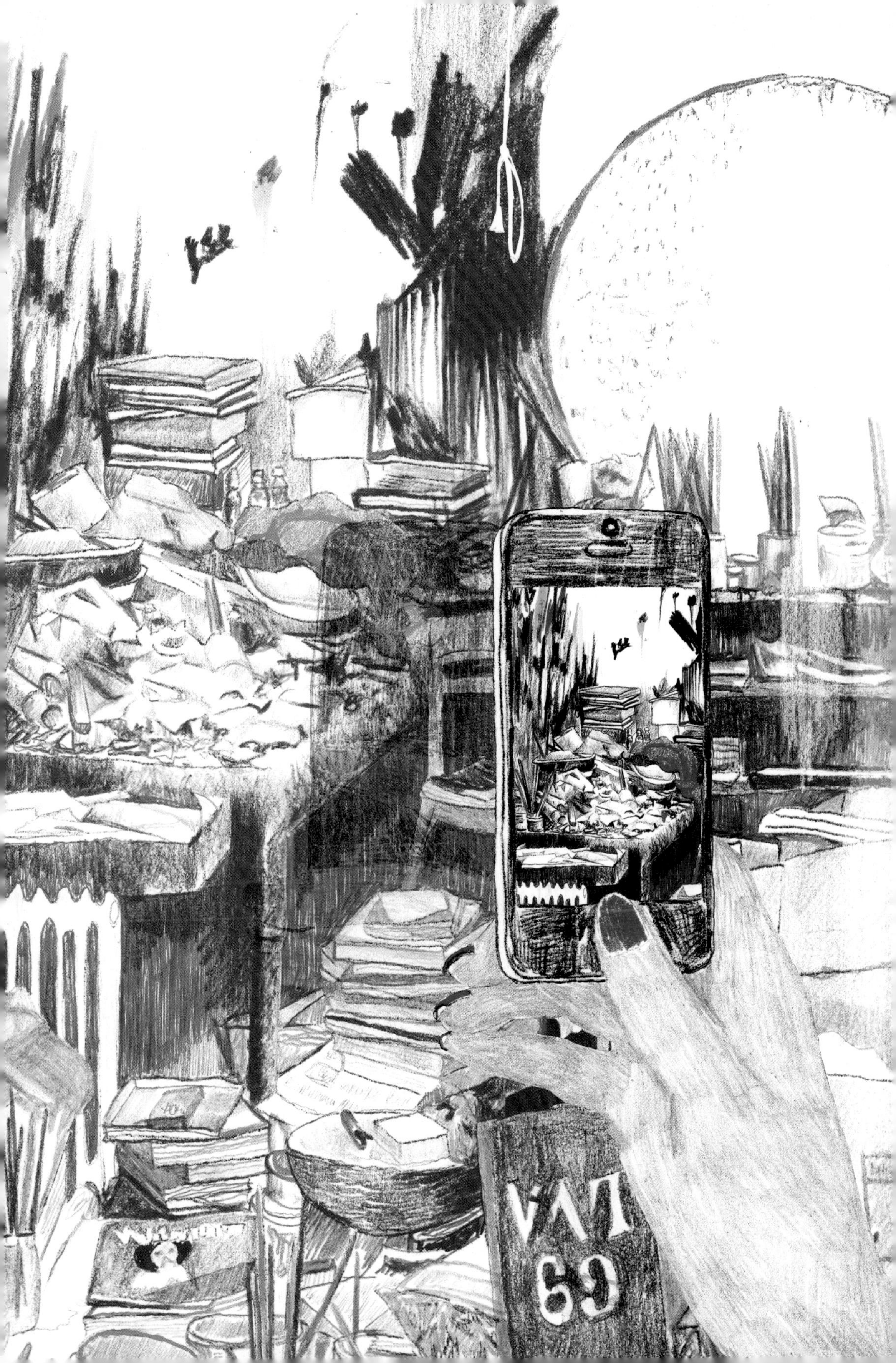

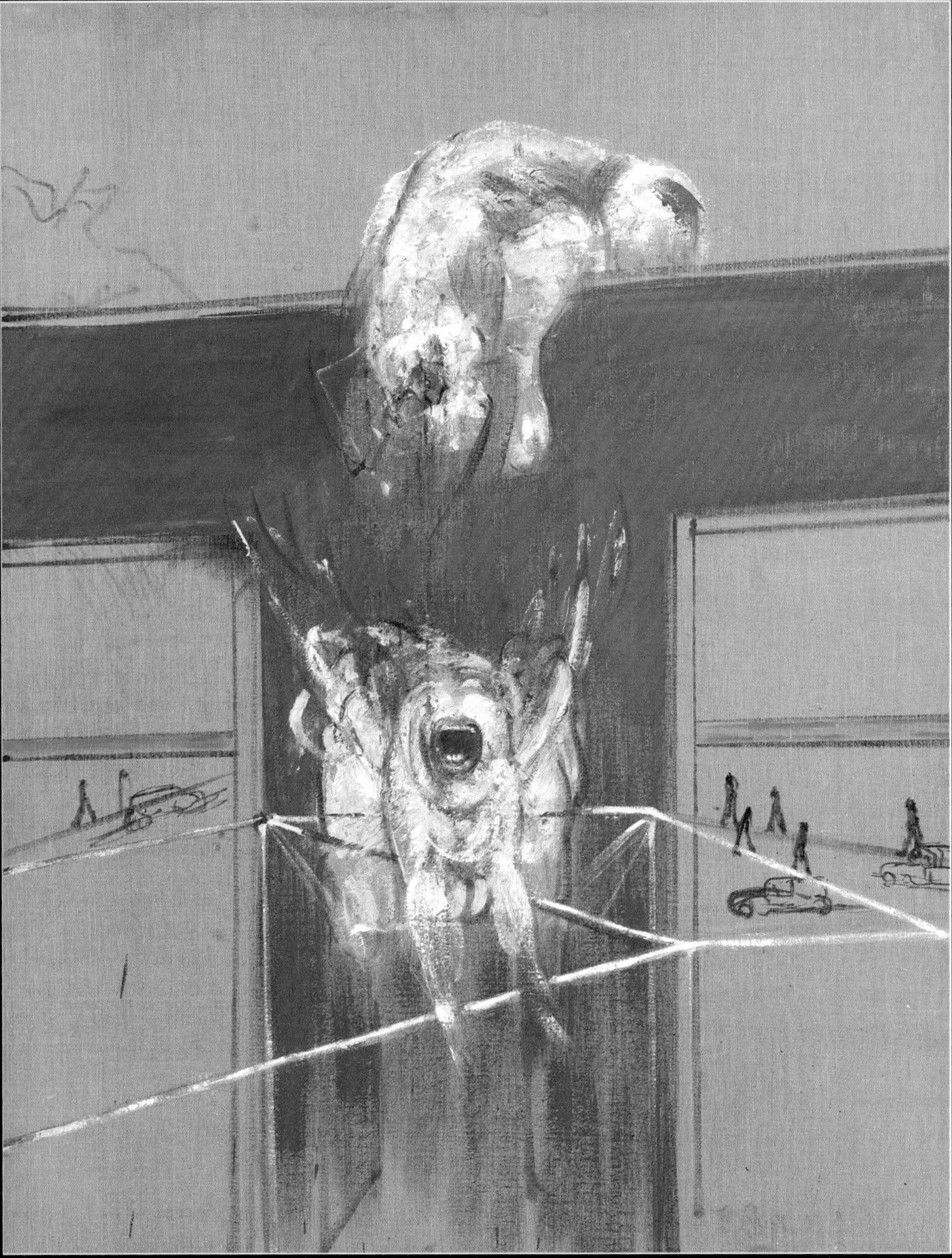

십자가형의 파편

Fragment of a Crucifixion

프랜시스 베이컨, 1950

캔버스 위에 탈지면 유채
158.4 × 127.4 cm(62⅜ × 50⅛ in)
반 아베뮤지엄, 에인트호번

타인의 고통

마르크스주의 비평가 존 버거John Berger는 프랜시스 베이컨의 작품들은 고통을 내비치는 것밖에 하지 못한다며 매우 싫어했다. 이는 '사람이 사람에게 행하는 비인간적인 행위'에 충분히 분개하지 않는 표현이라고 했다. 그는 1972년에 쓴 에세이에서 베이컨과 월트 디즈니를 비교했다. 둘 다 근본적으로 순응주의자들이고 사람들이 받아들일 수밖에 없는 뻔한 소외감을 전달한다고 했다. 그는 만약 베이컨이 '끔찍한 것을 어떻게 하면 더 끔찍하게 기술적으로 표현할까에 초점'을 두지 않았더라면 더 유능한 화가가 될 수 있었을 것이라고 적었다. 그는 또한 베이컨은 그렇게 기술적으로 표현한 '끔찍함'을 '우아한 예술'로 승화시키는데 성공을 거둔 사람이라고 말했다.

베이컨의 그림 속의 인물들은 반항적인 성향을 띠지 않는다. 대부분 육신이 홀로 또는 무관심 속에서 고통을 받고 있다. 〈십자가형의 파편Fragment of a Crucifixion, 1950〉에서는 차와 보행자들이 형체를 알아볼 수 없는 찢어진 피부가 늘어져있는 끔찍한 모습을 지나쳐 간다. 후에 베이컨은 이 그림이 '너무 분명한', 특정 이야기를 연상하게 한다고 느꼈다. 하지만 그렇기 때문에 이 그림이 다른 작품들보다 고통의 구조와 무관심이 더 강하게 각색되어 보일 수 있는 것이다.

2004년 버거는 베이컨에 대해 생각을 바꿨다. 베이컨의 작품은 버거가 생각하지 못했던 방식으로 의미가 있어졌다. 베이컨의 무자비한 시각은 점점 다가오는 사회의 상태를 잘 나타냈다(버거는 아부그라이브Abu Ghraib 수용소 사진을 담을 출판물을 집필하고 있었고, 베이컨이라면 이 사진을 어떻게 사용할까 상상을 했다고 한다). 버거는 베이컨이 이제까지 본능에 관해 소개한 작품들이 더 이상 진보적인 지식인들의 허구가 아니라는 것을 변해가는 사회를 보며 깨달았다. 베이컨의 시각이 또 하나 놀라운 점은 그가 옛 거장들에게서 미술사적으로 지속적인 영감을 받은 것에 있었다. 버거는 베이컨의 작업은 르네상스의 위대한 인문주의, 구원을 바라는 종교화, 고전 미술의 영웅주의 등 이 모든 것을 '무자비함 앞에서의 무력함'으로 바꾸어 보여줬다고 평했다.

베이컨은 꽤 이른 시기부터, 특히 젊은 층의 팬들이 항상 있어 왔다. 1950년, 그가 아주 잠깐 동안 로얄 미술 대학에서 강사를 했을 때, 그는 제대로 된 수업을 하지 않았지만(그는 예술은 가르칠 수 없는 것이라고 믿었다), 이미 학생들 사이에서 전설이었던 그는 그 존재만으로도 그 세대의 학생들에게 큰 영향을 끼쳤다.

대중문화에서도 베이컨의 작품은 베르나르도 베르톨루치Bernardo Bertolucci, 피터 그리너웨이Peter Greenaway, 조나단 드미Jonathan Demme 그리고 데이빗 린치David Lynch (그에게 베이컨은 선망의 작가였다)같은 영화제작자들에게 많은 영향을 끼쳤다. 베이컨은 영국의 젊은 작가 데미안 허스트Demian Hirst에게도 큰 영웅이었다. 허스트는 베이컨의 그림들을 모았으며 TV를 보는 것보다 더 자주 베이컨의 그림을 본다고 말했다.

비평가들 사이에서는 그가 정말 그림 실력이 있긴 했는지에 대한 의문이 아직도 가라앉지 않고 있다. '나는 그에게 감탄하다가도 이내 그런 마음을 떨쳐버리기를 반복했다.' 에이드리언 설Adrian Searle이 2008년에 쓴 글이다. 세바스티안 스미Sebastian Smee는 베이컨의 잔혹한 표현 속에 거부할 수 없는 어린이의 '티 없이 깨끗한 아름다움'이 동시에 존재한다고 생각했다. 그리고 그는 베이컨이 초창기 때 심취해 있던 화가들을 어떤 비판적인 시각으로 바라보았는지 매우 궁금해 했다. 비평가들의 생각처럼 베이컨이 그림을 못 그리는 화가였을 수도 있지만, 그는 그의 타고난 카리스마, 뚜렷하고 강한 주제, 그리고 (그가 말하는) '기회'를 잘 이용했다. 그를 화가가 아닌 다른 이름으로 불러야 한다면 천재적인 기회주의자일 것이다.

허스트는 이런 베이컨의 행적을 흥미로워했다. 그가 특히 좋아했던 베이컨의 모습은 (허스트가 아직 어렸기에), 베이컨의 애매모호하지 않았던 성격이었다. 베이컨은 문화대중화의 불협화음과 고전 미술을 통해 전해 내려오는 인간의 삶을 관례적인 베일을 쓰고 보지 않았다. 항상 그는 그만의 독특하고 확고한 시각으로 판단을 했다. 베이컨은 현대사회에서 사진이 예술계에 어떤 영향을 끼쳤는지 충분히 이해했지만, 그렇다고 그의 표현을 막을 순 없었다. '현대인에게 필요한건 빨리 습득하는 능력이야.' 그가 로얄 미술 대학 학생들에게 했던 말이다. '우리를 향해 끊임없이 공격해오는 정보의 폭격에 휘말리지 말고, 그것을 받아들인 뒤에 세상을 바라보는 시각을 고민해야 해.'

프랜시스 베이컨
Francis Bacon

닐 리버트, 1989
베이컨의 80세의 생일날 그의 리스 뮤스 작업실 앞에서 찍은 사진

브롬화물 인쇄,
34.3 × 23.1 cm(13½ × 9⅛ in)

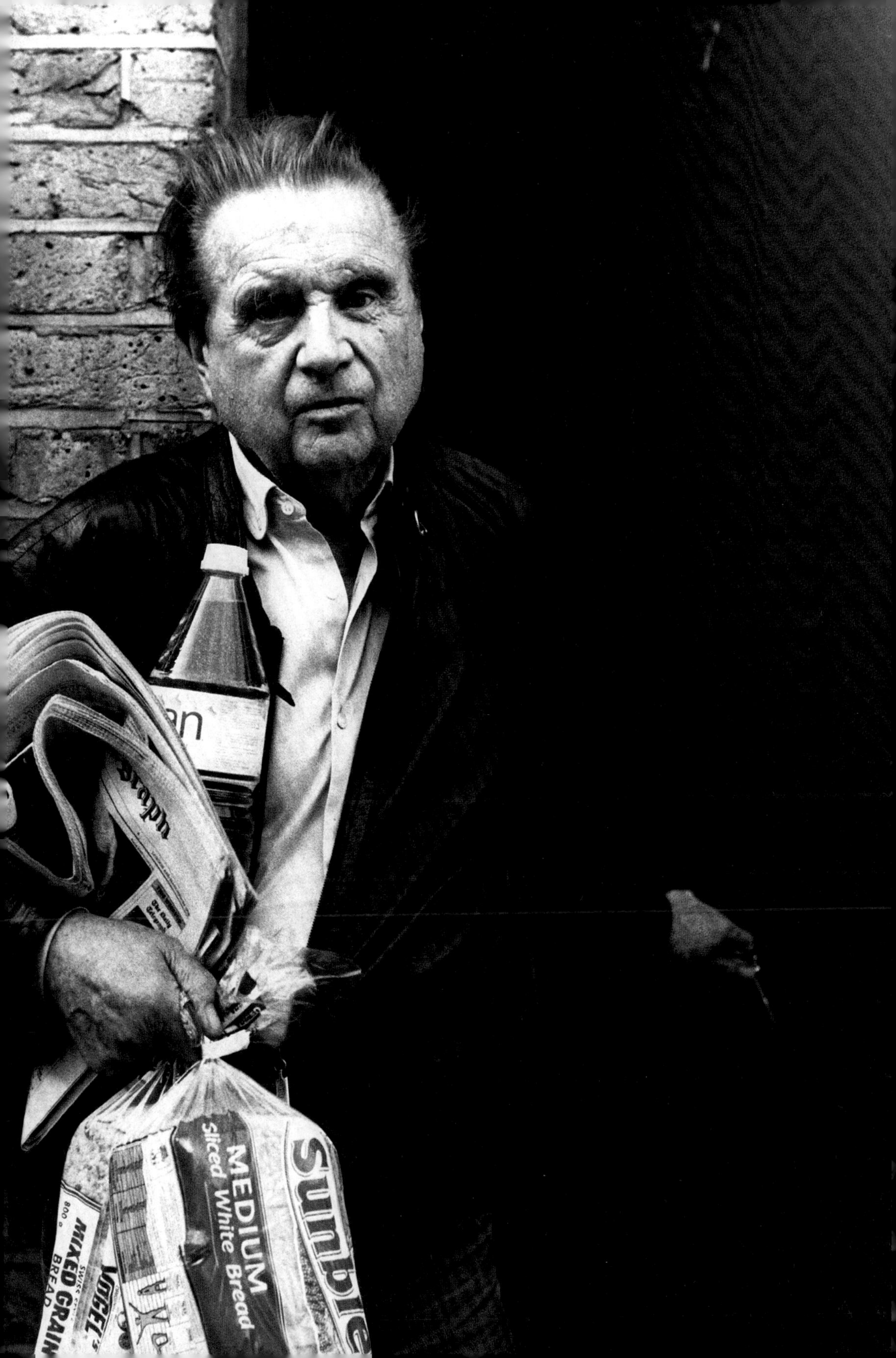
MEDIUM
Sliced White Bread
MIXED GRAIN
BREAD

감사의 글

토니 본드Tony Bond, 마틴 해리슨Martin Harrison, 마가렛 하우저Margaret Hauser 그리고 피터 윌슨 Peter Wilson에게 감사의 말을 전합니다.

참고 문헌

Dawn Ades and andrew Forge, francis Bacon(Thames & Hudson, 1985)
Andrew Brighton, Francis Bacon(Tate Publishing, 2001)
Daniel Farson, The Gilded Gutter Life of Francis Bacon(Century, 1993)
Matthew Gale and Chris Stephens,eds., Francis Bacon(Tate Publishing, 2008)
Martin Harrison, in Camera, Francis Bacon: Photography, Film and the Pracrice of Painting(Thames & Hudson,2005)
Michael Peppiatt, Fracis Bacon: Anatomy of an Enigma(Constable, 2008)
John Russell, Francis Bacon(Thames & Hudson, 1971)

David Sylvester, Interviews with Francis Bacon(Thames & Hudson, 1993)

글

키티 하우저 Kitty Hauser

키티 하우저는 〈스텐리 스펜서, 쉐도우 사이트Stanley Spencer Shadow Sites: Photography, Archaeology and the British Landscape 1927-1955〉와 〈블러디 올드 브리튼Bloody Old Britain〉의 저자이다. 그녀는 또한 〈벌링턴 매거진Burlington Magazine〉 〈뉴 레프트 리뷰New Left Review〉와 〈런던 리뷰London Review 에서 글을 썼다. 캠브리지 대학에서 연구원을 지낸 후에 러스 드로잉 예술학교와 런던 패션대학에서 교편을 잡았다. 지금은 시드니에 살면서 〈오스트레일리안The Australian〉에서 정기적 칼럼을 쓰고 있다.

일러스트레이션

크리스티나 크리스토포루 Christina Christoforou

크리스티나 크리스토포루는 런던을 기반으로 활동하고 있는 일러스트레이터 겸 아티스트이다. 런던으로 옮겨와 캠버웰 대학교에서 석사학위를 받기 전까지는 그리스에서 아트 디렉터로 업계에 있었다. 그녀는 락스타들의 머리스타일을 포스터로 만드는 작업을 했고, 후에 〈뉴욕 타임즈〉에서 대통령과 귀부인의 헤어 포트레이트를 그려달라는 의뢰를 받는다. 이는 그녀의 첫 번째 책이 되었다.

옮긴이

이현지

다년간 캐나다에서 거주했으며, 홍익대학교 시각디자인과를 전공하고, 현재 전문 번역가로 활동 중이다.
역서로는 〈This is Van Gogh〉 등이 있다.